평범한 하루가 문장이 된다

'굿모닝 굿나잇'은 21세기 지식의 새로운 표준을 제시합니다.
이 시리즈는 (재)3·1문화재단과 김영사가 함께 발간합니다.

평범한 하루가 문장이 된다

1판 1쇄 인쇄 2026. 2. 10.
1판 1쇄 발행 2026. 2. 20.

지은이 이은경

발행인 박강휘
편집 구혜진 | 디자인 정윤수 | 마케팅 김새로미 | 홍보 강원모
발행처 김영사
등록 1979년 5월 17일(제406-2003-036호)
주소 경기도 파주시 문발로 197(문발동) 우편번호 10881
전화 마케팅부 031)955-3100, 편집부 031)955-3200 | 팩스 031)955-3111

ISBN 979-11-7332-500-7 04300
      978-89-349-8910-3 (세트)

홈페이지 www.gimmyoung.com   블로그 blog.naver.com/gybook
인스타그램 instagram.com/gimmyoung   이메일 bestbook@gimmyoung.com

좋은 독자가 좋은 책을 만듭니다.
김영사는 독자 여러분의 의견에 항상 귀 기울이고 있습니다.

이 책의 본문은 환경부 인증을 받은 재생지 그린LIGHT에 콩기름 잉크를 사용하여 제작되었습니다.

Writing

이은경 지음

평범한 하루가 문장이 된다

무엇을 어떻게 써야 할지
막막한 사람들을 위한 글쓰기 안내서

김영사

1장 삶을 채우는 글쓰기의 힘 – 왜 써야 할까

2장 일상 속 글감 발견하기 – 무엇을 쓸까

하루는 이미 글로 가득하다

"글을 쓰고 싶긴 한데…. 뭘 써야 할지 모르겠어요."

요즘 가장 자주 듣는 말이다. 글을 좋아하는 사람들이 모인 자리에서도 열에 아홉은 이 얘기부터 한다. 그럴 때마다 나는 잠시 웃는다. 그 막막함을 누구보다 잘 알고 있기 때문이다.

나 역시 처음 글을 쓰기 시작했을 때, 하얀 화면 앞에서 깜빡이는 커서를 한참 바라보다 결국 브라우저를 열어 날씨와 연예 뉴스를 뒤적이곤 했다. 무엇을 써야 할지 몰라 미루고 미루다 지쳐 포기하는 날도 많았다.

그랬던 내가 이제는 어디서든 노트북만 열면 몇 시간이고 글을 써 내려간다. 그건 특별한 재능 덕분이 아니다. 글의 재료는 거창한 사건이 아니라, 우리가 살아내고 있는 일상에서 나온다는 사실을 깨달았기 때문이다. 식탁 위에 흘린 국물 한 방울, 창밖의 비, 아이가 던진 농담, 잠들기 직전 떠오른 말 한마디…. 그 사소한 순간들이 글의 시작이 된다.

눈을 뜨는 순간부터 우리는 수많은 생각을 한다. 오늘 날씨는 어떨까? 그 대화가 왜 그렇게 마음에 남았을까? 점심은 뭘 먹을까? 이 작고 흔한 생각을 모아 첫 줄로 옮겨 적는 바로 그때, 글쓰기의 닻이 올라간다. 대단한 이야기를 기다릴 필요는 없다. 사소함은 문장 안에서 유일한 것이 된다. 두 달 전 노을의 색, 오래전 기억 속 냄새, 마음을 살짝 흔든 말 한마디까지, 쓰지 않았다면 금세 흩어졌을 기억도 글 속에서는 오래 살아남는다.

그런데 정작 우리는 일상을 너무나 바쁘게 살아가는 바람에 자신이 지나온 하루를 조금 멀찍이서 바라보지 못한다. 그래서 글감이 없다며 막막해한다. 사실 글감은 사라진 것이 아니라, 아직 발견되지 않은 채 일상 곳곳에 조용히 숨어 있을 뿐이다.

기록은 시간을 붙들어주고, 잊어버린 나를 다시 데려온다. 그래서 글쓰기는 단순한 기술이 아니라, 나를 알아가는 방식이다. 글을 쓰다 보면 자신이 무엇을 중요하게 여기는 사람인지가 문장 속에서 드러난다. 스쳐 지나간 장면, 흘려버린 말 한마디, 마음에 오래 머문 질문 하나, 그 모든 것이 문장으로 모이고, 그 문장이 나라는 사람의 결을 만들어낸다. 글쓰기는 흔들리는 나를 지탱해주는 도구이며 삶을 사랑하는, 소중하고 고유한 나만의 방식이 되어줄 것이다.

누군가는 글로 하루를 정리하고, 또 누군가는 글로 내일을 준비한다. 서툴고 뭉툭한 펜 끝에서도 변화는 이뤄진다. 왜 글을 써야 하는지, 기록이 어떻게 나를 단단하게 만드는지, 그리고 글쓰기가 어떻게 마음을 회복시키고 내일을 여는 열쇠가 되는지 찬찬히 알아보자. 평범한 하루 속에서 찾은 글감은 늘 우리 편이다. 눈을 조금 다르게 뜨고, 귀를 조금 더 기울이면 된다. 이 책은 그 길을 함께 걷는 여행이다. 당신의 일상 속 어디에선가 이미 글이 자라고 있다. 이제 보물을 찾아 나서듯 글쓰기라는 여행을 떠나보자.

글로 하루를 채우고 싶은 분들께
매일 쓰는 사람 이은경 드림

1장

삶을 채우는 글쓰기의 힘
– 왜 써야 할까

1.
글을 쓰기 시작하면 달라지는 것들

사실 우리는 모두 '의무 글쓰기'의 선수들이다. 더듬더듬 한글을 깨우친 순간부터 지금까지 일기, 편지, 평가, 과제 등 '글'이라는 피하고 싶지만 피할 수 없어 괴로웠던 숙제를 받아 들고 억지로라도 착실히 빈 종이를 채워온 우리다. 초등학교 시절엔 일기장을, 중고등학교 시절엔 수행평가 답안지를, 성인이 되어서는 그럴듯해 보이는 자기소개서를 작성해 제출하긴 했다.

글로 사고력과 실력을 평가받는 시대를 살아가는 우리는 이렇게 쓴 글 몇 편쯤을 가지고 있다. 하지만 그런 식의 간헐적 의무 글쓰기는 안타깝게도 우리 삶을 바꿔놓지 못했다. 글과 내가 연결되지 않는다. 쓰기 전이나 쓰고 난 뒤에나 내 일상이 달라지지 않았다는 게 그 증거다.

물론 우리가 어떤 글을 쓴다고 해서 삶이 획기적으로 바뀌는 것은 아니다. 어버이날의 편지, 선생님께 제출해야 하는 일기는 어쩔 수 없이 꾸역꾸역 종이를 메워야만 했던 노동일 뿐이다. 이런 식의 노동은 수학 문제집 풀기나 빨래를 널고 개야 하는 일상의 잡다한 의무와 다를 바 없다. 독자라고는 나 하나였을 그 의무적인 글들은 누구에게도 지우개만큼의 영향도 끼치지 못한 채 책장 어딘가에 처박혀 있을 것이다. 그래, 지금까지의 글쓰기는 그런 것이었다.

여러분은 지금까지 글쓰기를 통한 일상의 변화를 기대한 적이 없을 것이다. 어쩌면 그런 엄청난 것을 기대해서는 안 된다고 생각할지도 모른다. 글 몇 편으로 하루가 달라진다면 얼마나 좋겠는가? 그건 허풍이고 과장이다. 그런 일은 셰익스피어에게도 일어나지 않는다.

하지만 이 책에서 설명할 글쓰기는 다르다. 지루했던 일상에 생동감을 불어넣고, 여러분을 매일의 삶과 연결할 것이다. 그러니 이제 지금까지 써온 글들은 잊자.

어떤 글쓰기는 삶을 바꾼다. 그런 글쓰기가 있다면, 그런 글쓰기를 하자. 나를 바꿀 수 있고, 내일을 바꿀 수 있고, 세상을 바꿀 수 있는 글쓰기를 시작하자. 오늘 한 시간 동안 쓴 문장이 내일의 나를 바꿔놓을 수 있다. 읽는 사람이 없더라도 매일매일 몇 줄씩 기어코 써보자.

지금의 나는 글로 생계를 꾸려가는 사람이지만, 처음부터 그랬던 것은 아니다. 초등학교 교사라는 직업을 갖고 있던 시절, '글'이라고 하면 '학기 말 종합 의견란'을 채우는 게 전부였다. 방학식 때 아이들 손에 한 장씩 들려줘야 하는 생활 통지표에 담임 몫으로 쓰는 글 말이다. 이는 현직 교사의 가장 큰 글쓰기 숙제이기도 하다.

여러분은 내가 교사 시절에도 글쓰기를 꽤나 즐기고 두각을 나타내지 않았을까 싶을 것이다. 하지만 천만에! 길어봐야 아이당 다섯 줄이면 충분한 공간을 채우기까지 한 시간이 넘게 걸린 적도 많았다. 게다가 심심하기 짝이 없는 비슷비슷한 문장뿐이었다. 요컨대 나는 원래 잘 쓰던 사람이 아니었다는 얘기다.

글에 대해서는 평범하기 짝이 없던 내가 하루를 글로 옮기면서 완전히 새로운 사람이 되었다. 일단 시작했고, 혹시 몰라 지속했고, 결국 새로워졌다. 의무였던 성적표 의견란에서 벗어난 나만의 일상 글쓰기가 무채색이던 내 삶을 흔들었다. 희망이라곤 없던 나와 가족의 인생을 바꾸었다. 짧은 글 한 편이 소란했던 하루를 정리하도록 도와주었고, 그렇게 차곡차곡 쌓인 기록이 흔들리던 삶을 잡아주었다. 그렇게 나는 글을 쓰는 사람이 아니라, 글로 살아가는 사람이 되었다.

지금까지 숱하게 해온 의무 글쓰기를 매일 할 수 있는 글쓰기로 바꾸어보자. 그렇다. 이 책의 목표이자 우리의 명확한 도전 과제는 누가 시키지 않아도, 평가받지 않아도, 오늘의 생활과 감정을 스스로 꺼내 적는 글쓰기를 꾸준히 이어가는 것이다. 이 과정 없이는 글도 삶도 바뀌지 않는다. 글쓰기의 기술이나 요령은 부차적인 요소다. 무엇을 쓰고 어떻게 쓸지는 차차 다듬어가면 된다. 그러나 쓰기를 멈추지 않는 태도만큼은 처음부터 끝까지 붙들어야 한다. 꾸준히 쓴 기록은 언젠가 지금의 나를 넘어서게 만들고, 그렇게 축적된 힘이야말로 삶을 움직이는 가장 확실한 원동력이다.

부탁하건대 그렇다고 '나'라는 인간과 지금껏 해오던 일상을 단숨에 바꿔버리지는 말자. 내 글쓰기의 롤 모델인 박완서 작가님께서 그러셨다. 쓰지 않고 살아온 시간도 소중하다고 말이다. 우리가 해온 숱한 글쓰기 숙제 덕분에 일상 글쓰기를 시도해볼 엄두를 아주 약간이나마 내볼 수 있는 것이다. 우리는 글로 쓰지 않았을 뿐 그 누구보다 진하고 뭉클한 일상을 살아내는 중이다. 그런 우리의 하루를 부정하거나 탓해서는 안 된다. 이제 하루를 글로 조금씩 옮겨보자. 다만, 너무 힘이 들어가 며칠 못 쓰고 중단하지 않길 간절히 바란다.

먼저 누구도 시키지 않은 글을 아주 가끔 한 번씩 써보자. 글쓰기는 근육이다. 안간힘을 다해 쓰다 보면 힘이 생긴다. 그 경험을 끊기지 않을 만큼만 지속하자. 우리에겐 그간의 간헐적 글쓰기 경험이 있다. 그것을 좀 더 자주 의식적으로 지속해보자. 글 한 편이 대단한 변화를 만들지는 못하지만, 그 작은 시도가 쌓여 나만의 리듬이 된다. 그렇게 오늘의 '간헐'이 내일의 '지속'으로 바뀌고, 언젠가 삶의 큰 결을 이루는 힘이 되어줄 것이다.

영화 〈작은 아씨들〉(2019)에는 글쓰기의 필요와 목표를 상징적으로 드러내는 장면이 있다. 주인공 조 마치가 자신의 글을 쓰고 발표하는 과정에서 흔들리는 순간, 프리드리히 바에르 교수가 다정하게 건네는 말이 그것이다. "계속 써야 더 중요해지는 거야Keep writing, and it will be more important." 글을 쓰는 행위 자체가 가치와 의미를 만들어낸다는 메시지를 담고 있는 교수의 이 격려는 단순한 위로를 넘어, 작가로서 정체성을 세워가는 조에게 용기와 방향을 제시하는 순간으로 기억된다. 남북전쟁 직후 여성의 목소리가 사회적으로 주목받지 못하던 시절, 조는 자신의 이야기를 세상에 남기고자 치열하게 고민한다.

쓰는 이의 일상엔 크고 작은 변화가 줄을 잇는다. 마지못해 몇 줄 썼을 뿐인데, 그 몇 줄을 아무에게도 보여준 적 없는데, 이전처럼 숙제하듯 끄적이기 시작한 것뿐인데, 참 신기하게도 서서히 많은 것이 달라진다. 열쇠는 '자발성'에 있다. 검사받지 않을 글을, 어디에도 제출하지 않을 글을 가끔 끄적이는 시간이 나를 움직였음을 지나고 보면 알 수 있다.

그 이유가 궁금해진다. 글쓰기라는 행위는 대체 나를 어떻게 움직일까? 결과물은 여전히 초등학생의 일기만큼이나 소박하며 밋밋하고 초라한데, 이 글이 어떻게 삶을 바꿀 수 있다는 걸까? 과연 바꿀 수나 있을까?

믿기 어렵겠지만 가능하다. 그것도 충분히 가능하다. 글쓰기는 결과보다 과정을 통해 우리를 움직이기 때문이다.

글쓰기는 한없이 지루하고 느린 작업이다. 그렇게 문장을 고치느라 머뭇거리고 마음을 붙잡으려 애쓰는 동안 우리는 문득 스스로를 들여다보게 된다. 변화란 글 한 편을 완성하는 데 있는 게 아니라, 그 글을 쓰려고 몸을 기울이는 순간 시작된다.

그래서 삶을 바꾸는 글쓰기는 대단히 특별하고 거창한 주제 의식이 필요 없다. 숨 쉬고, 먹고, 일하고, 공부하고, 움직이고, 듣고, 말하고, 잠드는 평범하기 짝이 없는 일상에 관한 글이면 족하다. 어쩌다 한번 다녀온 근사한 호텔에 관해 쓰려고 하지 말자. 그 정도의 호텔에 다시 가야만 글이 제대로 나올 텐데, 언제 그럴 날이 다시 오겠는가? 어쩌다 한번 본 장원영 누나에 대해 쓸 것도 없다. 그 누나를 다시 보기란 아마도 쉽지 않을 텐데, 어떻게 제대로 된 글을 쓸 수 있겠는가?

글쓰기는 특별한 사건이 아니라 매일 반복되는 평범한 하루에서 시작된다. 밥상 앞에서의 소소한 대화, 책상 위의 형광펜 하나, 벽에 매달린 낡은 시계에도 글감은 숨어 있다. 글쓰기는 그런 것을 발견하는 연습이기도 하다.

도저히 쓸 거리, 말할 거리, 볼거리가 없을 것만 같은 밋밋한 하루에서 무언가를 발견해 글로 써보자. 그 과정에서 우리는 삶을 다시 바라볼 기회를 얻는다. 시선의 전환이 글이 되고, 그 글이 다시 나를 비춘다. 글쓰기는 나를 설명하는 일이자, 내가 어떤 사람인지를 알아가는 가장 정직한 방법인 셈이다.

2.
일상을 글로 남기는 시대

지금은 누가 시키지 않은 글을 스스로 쓰는 시대다. 나처럼 출판사와 출간 계약을 맺고, 계약금을 받은 대가로 마감 날짜를 두려워하며 원고 분량을 늘려가는 극히 일부를 제외하면, 글쓰기는 거의 모든 이에게 안 해도 상관없는 선택 사항일 뿐이다. 사실 글쓰기가 직업인 나도 계약 상태에서만 글을 쓰는 것은 아니다. 아무도 물어보지 않는 일상 이야기를 SNS에 올려놓고 히죽거린다. 시대가 그렇다. 누구나 마음만 먹으면 '크리에이터'가 될 수 있고, 누구의 허락도 없이 자신의 문장을 세상에 훌쩍 띄울 수 있다.

우리의 흔한 글쓰기 모습을 잠시 들여다보자. 아침에 눈을 뜨자마자 스마트폰을 켜고, 저녁이 되어 잠들기 전까지 끊임없이 읽거나 쓴다. 채팅창에 댓글을 입력하고, SNS 피드를 훑어본 뒤 사진과 짧은 글을 올린다. 이동 중에 잠깐씩 읽는 글도 누군가의 손끝에서 공들여 나온 것이다. 이전 시대의 글이 기자나 저널리스트의 것이었다면, 지금 우리가 읽는 글은 나와 닮은 보통 사람의 것이다. '좋아요' 몇 개와 댓글 몇 줄, 실시간으로 올라가는 조회 수가 계속해서 글을 쓰게 만드는 동력이다. 그 작은 반응 속에서 우리는 서로의 존재를 확인하며 또 한 줄의 글을 작성한다.

내가 처음 SNS를 시작할 때만 해도 주변에 그걸 사용하는 사람은 두 명뿐이었다. 아이 친구 엄마들이었는데, 반 모임에 나가 앉아 그녀들에게 하나하나 기술을 배웠다. "이건 뭐예요? 그냥 이렇게 사진 한 장 올리고, 몇 줄 쓰면 되는 거예요?", "해시태그가 뭐죠? 저장 버튼은 어디에 있어요?", "수정은 어떻게 해요?" 처음 컴퓨터를 배울 때처럼 조심스러우면서도 신기했다. 그때 그냥 쓰고 싶은 글을 자유롭게 쓰면 된다고 격려해준 그녀들에게 새삼 고맙다.

그녀들과 나처럼 일부 표현 욕구가 강하고 SNS가 아니어도 어차피 어딘가에 *끄적끄적* 기록하기를 즐기던 이들을 필두로 시작된 온라인 글쓰기는 이제 현대인의 일상이 되었다. 왜 SNS를 하느냐고 묻는 것보다 왜 안 하느냐고 묻는 게 보통이다. SNS는 온라인 글쓰기에 불을 붙였을 뿐, 우리에겐 네이버 블로그라는 글쓰기의 시조 격인 플랫폼도 있었다. 한때 블로그를 운영하지 않는 사람이 드물 정도였다. 누가 시키지 않아도 우린 모두 열심이었다.

글쓰기는 이제 특정한 사람들의 전유물이 아니다. 거대한 출판사나 언론사만이 글의 무대를 차지하던 시대는 이미 지나갔다. 블로그 한 편, SNS의 짧은 문장 하나, 일기의 한 구절까지 글쓰기는 모든 이의 일상 속에 스며들었다. 전통 매체가 독점하던 정보와 지식·오락의 기능이 분산되었고, 누구나 작가가 될 수 있는 시대다. 우리는 각자의 방식으로 콘텐츠를 만들고 소비한다. 나의 취향과 경험을 자유롭게 탐닉하며 원하는 만큼 읽고, 보고, 쓴다.

불과 얼마 전까지만 해도 일기장은 남의 눈에 띄지 않도록 꼭꼭 숨겨야 할 존재였다. 개인적 감정을 드러내는 일을 유치하거나 미성숙한 것으로 여겼고, 사소한 일상을 얘기하는 것은 점잖은 사람에게 어울리지 않는다고 배웠다. 그렇다 보니 자연스레 글감에도 제약이 따랐다. '이게 글로 쓸 만한 일일까?' 하지만 지금은 다르다. 새벽에 먹은 라면 사진 한 장, 버스 안에서 들은 한마디 대화, 아이가 던진 엉뚱한 질문 하나도 누군가에게는 공감의 소재가 된다. 이제 우리는 서로의 글에서 완벽한 서사나 거창한 메시지를 기대하지 않는다. 불완전하고 우스운 나날이 서로의 마음을 흔들곤 한다.

정답보다 진심이 환영받는 시대다. 회사원은 출근길의 번잡함을, 엄마는 아이와의 작은 다툼을, 학생은 시험 망친 날의 기분을 있는 그대로 쓴다. 그 글이 읽는 사람을 위로한다. 읽다 보면 자연스레 안도감이 생긴다. '이렇게 느끼는 게 나쁜만이 아니구나.' 자랑의 공간이라는 비난을 면하기

어려웠던 SNS가 일상 기록장이 되고, 자기를 표현하는 또 다른 언어가 된 이유도 그 때문이다.

일상을 글로 남기는 시대의 독자들은 거창한 글을 부담스러워한다. 무겁고 딱딱하고 어려운 글이 아니어도 볼거리, 읽을거리가 넘쳐나는 시대이기 때문이다. 그래서 나는 더욱 더 우리가 글을 써야 한다고 믿는다. 우리의 소소한 일상과 짧은 생각, 언뜻 하찮아 보이는 깨달음을 반가워하는 독자들이 있으니 말이다. 우리는 자신과 비슷한 일상을 살아가는 누군가의 이야기를 궁금해한다. 자신만 그런 게 아니라는 사실을 서로의 글에 담긴 일상으로 확인하고 싶어 한다. 누군가의 짧은 글을 읽으며, 각자가 모르고 지내온 일상의 소중함을 지켜내야겠다고 다짐한다.

글쓰기를 지속하는 사람은 과거를 붙잡기보다 현재에 충실할 수밖에 없다. 언뜻 스치는 장면 하나에도 감탄하고, 사소한 감정의 떨림에도 귀 기울인다. 글을 쓴다는 것은 삶을 다시 바라보는 일이다. 밥상 위의 김 한 장, 버스 창문에 비친 노을빛, 무심히 건넨 인사의 온도는 물론, 오늘 점심 메뉴를 고르며 떠올린 생각, 친구한테 전하지 못한 말 한마디, 길모퉁이의 고양이를 바라보던 짧은 시선이 글로 되살아난다. 이런 순간을 붙잡아두려는 마음이 글을 만든다. 그렇게 하루는 평범함에서 벗어나 관찰과 감정의 언어로 다시 태어난다. 글은 나를 억누르는 기억, 상처, 걱정보다 오늘의 나, 요즘의 나를 좀 더 세세히 들여다보게 만든다.

우리는 글을 쓰고 읽으며 정답이 아니라, 각자의 삶을 바라보는 새로운 관점을 얻는다. '이 사람은 이렇게 느꼈구나. 나도 저런 마음이었지.' 그런 공감의 순간이 독자를 멈춰 세우고, 다음 문장을 기다리게끔 한다. 지금 이 순간을 더 선명하게 살아내는 방식이다.

내가 올린 글은 개인의 이야기인 동시에 모두의 이야기다. 내가 쓴 문장을 읽으며 누군가는 자신의 얼굴을 발견하고, 또 다른 누군가는 거기서 위로를 얻는다. 한 사람의 경험이 다른 사람의 기억과 포개질 때 글은 비로소 살아난다. 일상을 쓴 글이 사랑받는 이유는 쉽고 가벼워서가 아니라, 그 안에 우리가 공유하는 감정의 온도가 담겨 있기 때문이다. 결국 글을 쓴다는 것은 혼자 되기 위해서가 아니라, 더 깊이 연결되기 위함이다.

나는 얼마 전, SNS에 이런 글을 올린 적이 있다.

애들 중학교 때 큰애를 한창 혼내고 있었는데,

둘째가 슬쩍 일어나 주섬주섬 재활용 쓰레기를 버리러 가

길래 혼내다 말고 웃음 참기에 실패한 적이 있었다.

아까 저녁에 고1이 아빠에게 눈물 쏙 빠지게 혼나기 시작

하자 침대에서 녹아내리던 고2가 조용히 일어나 수학을 풀

다가 나랑 눈이 마주쳐 또 웃음 참기에 실패하고 말았다.

고딩들, 언제까지 귀여울 건가.

이만한 눈치들은 가졌다는 게 퍽 다행스러운 날.

댓글이 이어졌다. 비슷한 일을 경험했다는, 이렇게 나누

어주는 소소한 일상을 읽으며 힐링한다는, 자기 집 얘기인

줄 알았다는 소소하기 짝이 없는 댓글들이었다. 이런 게 인

생 아닐까? 우리의 일상은 얼핏 거창하고 화려한 사건, 대

단하고 남다른 경험의 연속인 것처럼 보이지만, 조금만 들

여다보면 피식 웃음이 나오는 사소하기 짝이 없는 일들의

집합이다. 그걸 그냥 웃어넘기지 말고, 글로 써보자는 것이

다. 모두에게 주어진 일상이라는 고마운 글감이 희미해지지

않게 잘 붙들어 *끄적끄적* 몇 줄이라도 남겨보자는 것이다.

지난 10여 년 동안 글을 써온 내가 그만두고 싶을 때마다 되새기는 문장이 있다. "어느 구름에 비가 들었을지 모른다." 글쓰기를 업으로 삼는다는 것은 무수한 불확실성에 기대어 생계를 해결해야 한다는 것을 의미하기 때문에 불안이 기본값이다. 하지만 불안하다고 마냥 웅크리고 있을 수는 없다. 오늘 쓰는 글이 나를 어디로 데려다줄지, 쓰는 중인 지금은 빵 조각만큼도 예상하기 어렵다. 그럼에도 쓴다. 계속 쓴다. 오랜 시간 써온 글이 차곡차곡 모이지 않았다면, 당장 무엇이 되지 않는다는 이유로 글쓰기를 멈췄다면, 나는 이 책의 원고를 쓸 수 없었을 테니 말이다.

3.
솔직함이 결국 마음을 움직인다

일전에 출간한 책에 '나의 친애하는 강남'이라는 산문을 실은 적이 있다. '서울병'을 몹시 앓던 내가 서울에 살다 보니 '강남병'이 생겼고, 어찌어찌 강남으로 비집고 들어가 살게 되었지만, 막상 살아보니 내가 그리던 그 강남이 아니었다는 내용의 글이다. 괜히 강남에 갔다가 진짜 강남 사람들이 어떻게 부를 대물림하고, 자산을 늘리고, 풍족함을 누리며 살아가는지 구경만 실컷 했다는 쓸쓸함을 고스란히 담았다. 난 전형적인 흙수저에, 지방도 아닌 시골 사람이다. 그래서 죽어라 맞벌이를 했지만 저축도 변변찮고, 재테크도 엄두를 내지 못한지라 그냥 그런 내 형편을 담담하게 글에 담았다고 생각했다.

그 글을 비롯해 스무 편 정도의 산문을 마무리하고 출판
사의 교정과 조판 작업이 한창일 무렵, 담당 편집자님이 전
화를 주셨다.

"작가님, 괜찮으시겠어요? 이대로 출간해도 정말 괜찮으
신 거 맞죠?"

"네…? 원고에 무슨 문제라도 있나요?"

"제가 생각했던 작가님은 화려하고, 여유롭고, 세련되
고… 뭐 그런 이미지였거든요. 아마 독자님들도 그렇게 생
각하고 계실 것 같은데, 강남에 가보니 너무 부럽고 초라하
더라, 이런 속마음을 그대로 드러내도 괜찮을까 싶어서요.
왠지 이 내용은 굳이 밝히고 싶지 않으실 것 같아서 여쭤봅
니다."

"어머, 제가 그런 이미지예요? 몰랐어요. 어쨌든 글에 쓴
내용이 진짜 제 모습 맞고요, 그게 제가 맞기 때문에 내용을
수정하거나 삭제할 이유는 없습니다. 저는 정말 괜찮습니
다. 죄를 지은 것도 아닌데요."

나의 대답은 진심이었다. 그간의 내 모습이 사람들에게
어떻게 비쳤는지 알 수 없지만, 강남을 질투하는 내 마음,
그리고 그럴 수밖에 없는 내 상황은 모두 진실이었다. 그래

서 거리낄 게 없었다. 강남을 질투하는 것은 죄도 아니고, 부끄러워할 일도 아니며, 그렇다고 자랑할 일도 아니다. 다만 그런 내 마음을 드러내는 것은 온전히 나의 선택이자 자유였다. 애써 포장하거나 그럴듯하게 꾸미고 싶지 않았다. 오히려 솔직한 고백 속에서야 비로소 내가 조금 더 자유로워진다는 것을 느꼈다.

나도 안다. 강남을 부러워하지 않는 척, 부자가 되고 싶지 않은 척, 부자의 삶엔 눈길조차 주지 않는 척을 해도 된다는 것을 안다. 그게 얼핏 더 멋져 보이고, 근사해 보이고, 궁상스럽지 않아 보이고, 적당히 그럴듯해 보인다는 것을 안다. 하지만 그게 진짜 내 마음이 아닌 것도 안다. 나는 강남이 부럽다. 강남에 집을 갖고 싶고, 강남에 살고 싶고, 금수저가 아닌 것이 아쉽고, 개미처럼 쉼 없이 일해야 먹고살 수 있으니 눈뜨면 그저 키보드를 두드린다. 그래서 그렇다고 썼다. 결코 꾸미지 않았다. 그러지 않기로 했다.

글을 쓸 때 가장 필요한 것은 솔직함이라고 나는 믿는다. 사람은 누구나 내면에 다양한 감정을 품고 있지만, 그 감정을 말로 표현하는 것을 주저하거나 망설인다. 그러나 글은 다르다. 글 속에서는 꾸밈없이 나를 드러낼 수 있고, 숨기려던 마음마저 자연스럽게 새어 나온다. 그것이 글이 지닌 특별한 힘이다. 솔직한 글은 독자의 마음을 열게 만든다. 화려한 수사나 정교한 논리보다 더 큰 울림을 주는 것은 글쓴이가 자기 마음을 숨김없이 보여주었을 때 생기는 진정성이다. 독자는 그런 글에서 자기와 닮은 부분을 발견하고, '나만 이런 게 아니구나' 하는 위안을 얻는다.

또한 솔직한 글쓰기는 자기 치유의 과정이기도 하다. 마음속에 오래 쌓아두었던 감정을 글로 표현하는 순간, 그 감정은 무게를 잃고 가벼워진다. 쓰는 행위 자체가 내면의 짐을 덜어주는 셈이다. 그래서 일상의 글쓰기는 삶을 조금 더 편안하게 만들어준다.

결국 솔직함은 글쓰기의 출발점이다. 나를 숨기지 않고 드러내는 태도, 그것이 독자와의 첫 연결이고 스스로와의 첫 화해다. 글이란 솔직함 위에 세우는 집과도 같다.

나의 일상을 담아보자 결심하고 글자를 모아 문장을 만들다 보면, 몇 줄 쓰지 않아 곧장 벽에 부딪힌다. 그것은 바로 어디까지 솔직해질 것인가와 관련한 장벽이다. 혼자 쓰고, 혼자 읽고 끝낼 글이라면 전혀 문제가 없다. 사춘기 시절, 일기장을 펴놓고 온갖 사람의 욕을 거침없이 쓸 수 있었던 것도 바로 그 때문이다. 자물쇠 달린 일기장은 비밀을 지켜주는 든든한 동맹이었고, 그 자물쇠의 비밀번호 세 자리를 나만 알고 있다는 사실이 글을 끝까지 밀어붙일 수 있는 힘이 되었다. 솔직함은 언제나 안전이 보장된 공간 안에서만 가능했던 셈이다.

그런데 누군가가 읽을 것을 염두에 두고 쓰는 글이라면 사정이 좀 다르다. 이런 솔직한 마음까지 표현하면 읽는 사람이 과연 나를 어떻게 생각할까 걱정스럽다. 도대체 독자를 의식하지 않을 수 없다. 끝내 움츠러들고 만다. 결국 하나 마나 한 뻔한 감상을 적당히 늘어놓는 것으로 타협하고 무난하게 마무리한다.

적당한 마음으로는 적당한 반응 말고 기대할 게 없다. 생각해보자. 우리는 내 글 말고 잘 모르는 평범한 누군가의 일상이 담긴 글을 읽을 때 어떤 기대를 할까? 더 정확히 표현하자면, 안 그래도 볼거리가 넘쳐나는 시대에 유명하지도 않고 친하지도 않은 사람의 글을 시간 들여 읽는 이유가 대체 뭘까? 독자 입장이 되어 보면 어떻게 써야 할지가 보다 또렷하게 드러난다. 낯선 누군가가 시간과 수고를 들여 여러분의 글을 읽고 이런 생각이 들었으면 좋겠다. '읽기를 잘

했어.'

조금 더 솔직해져도 괜찮다. 살인 같은 무시무시한 범죄를 고백하려는 게 아니라면, 다시 말해 누군가에게 직접적인 손해를 끼치거나 누가 봐도 명백한 잘못을 저지른 게 아니라면 내 마음을 드러내는 일에 조금 더 자유로워도 된다는 말이다. 어쩌면 그 솔직함이야말로 글의 생명력이고, 누군가와 연결되는 시작점일지도 모른다. 감춰둔 속내를 적는 순간, 그동안 나를 짓누르던 무게가 약간 가벼워지기도 한다.

'사람들이 나를 이상하게 생각하면 어떻게 하지?' 이런 걱정이 들 수 있지만 내가 오랜 시간, 정말 많은 글을 써온 경험을 갖고 자신 있게 말할 수 있다. 사람들은 '나'라는 사람에게 그다지 큰 관심이 없다. 누가 썼는지, 어떤 배경에서 나온 글인지, 그래서 내가 어떤 마음으로 이후의 삶을 살아갈지 등에 관해 그 글을 읽고 난 후 단 5초 정도면 깨끗하게 잊는다.

내 글을 '우연히' 접한 독자는 사실 무척 바쁜 삶을 살고 있기 때문이다. 안 그런가? 먹고살기가 얼마나 힘들고 고단한 세상인데, 우연히 읽은 잘 모르는 누군가의 글에 굳이 이런저런 평가를 하고 비난할 수 있을까? 그러기엔 우리 각자에게 주어진 삶이 너무나 복잡하고, 하루하루가 예기치 않은 일로 가득하다. 오히려 잠시 스쳐 지나간 글이 마음 한쪽을 건드린다면, 그것만으로도 글은 제 역할을 다한 셈일지 모른다.

내가 오랜 시간 글을 써오면서 절감한 것은 적당히 포장하려 애쓰는 게 훨씬 수고스럽다는 점이다. 일단 꾸밈없이 마음을 다 드러내는 글을 쓰자. 나만 볼 글이라면 그대로 계속 쓰자. 그리고 평소 나를 아는 사람들에게 공개할 글이라면 굳이 보이고 싶지 않은 마음은 조금 덜어내자. 또 불특정 다수가 읽을 것을 염두에 둔다면 그보다 조금만 더 덜어내자. 초고를 쓸 때부터 적당한 선을 그어놓고 그 위에서 아슬아슬한 줄타기를 하면 글은 내 안에서 머뭇거리다 그만 멈춰버리고 만다.

솔직한 글은 쓰는 사람의 마음을 시원하게 하고, 읽는 이에게 공감과 위로를 선물한다. 불특정 다수의 독자는 꾸밈없는 마음이 드러난 글을 읽으며 이렇게 자신을 칭찬할 것이다.

"이 글을 읽길 잘했군. 누를까 말까 했는데 눌러보길 잘했어. 중간에 그만두지 않고 끝까지 읽길 정말 잘했어."

4.
글쓰기를 지속하는 비밀

'작가의 벽'이라는 표현이 있다. 써야 하는데, 쓰고는 싶은데 앞으로 나아가지 못하는 막막한 상황을 '벽'이라는 단어 하나로 절묘하게 표현한 것이다. 매일 원고를 쓰는 게 직업인 나는 매일 벽에 부딪힌다. 뚫고 나아가고 싶은데, 벽이 너무나 두껍고 단단하다. 가끔은 벽이 하루에 하나씩만 나타났으면 좋겠다는 생각도 든다. 어쨌거나 벽을 자주 만나다 보니 나름 노하우가 생기긴 했다. 바로 '떡'을 생각하는 것이다.

떡을 생각하면 벽을 뚫을 수 있으리라는 희망이 고개를 든다. 우리는 떡한테 무엇을 바라는가? 떡한테 바랄 게 무엇일까? 매 끼니를 해결해달라는 기대, 매년 새로운 종류가 등장해야 한다는 기대를 갖지 않는다. 우리는 떡한테 바란다. 한 달에 두어 번쯤 밥 대신 끼니를 대신해주기를, 끼니가 안 되어도 좋으니 맛깔나는 간식이라도 되어주기를, 새로운 것은 필요 없고 그냥 내가 알던 그 떡이 잘 만들어지기를 말이다.

떡집을 개업한 부부는 새로운 떡을 개발하기 위해 노력하지 않는다. 게을러서도 자만해서도 아니다. 누구나 찾을 법한 떡을 조금이라도 더 맛있게 만들어 팔기 위한 노력에 가게의 사활이 걸렸음을 알기 때문이다. 그것만 잘해도 떡집은 넉넉히 살아남을 수 있다는 사실, 떡집의 미덕은 사람들이 찾는 그 떡을 감칠맛 나게 쪄내는 것이라는 사실을 떡집 사장님과 손님 모두가 알고 있다. 떡집을 찾아온 손님은 이번 주엔 또 어떤 떡이 새로 나왔을까 기대하며 매대를 살피지 않는다. 지난주에 먹었던 그 떡이 다시 생각나 찾아왔거나, 지난주에 못 먹어 아쉬웠던 다른 떡이 자꾸 눈에 삼삼해 찾아왔거나 둘 중 하나다. 떡은 그런 것이다.

걸핏하면 부딪히는 벽 때문에 고심하던 나는 내 글을 떡이라 여기기로 했다. 내가 글을 쓰지 않는다고 당장에 무슨 일이 생기는 독자도 없고, 내가 엄청나게 참신한, 그러니까

들도 보도 못한 완전히 새로운 글을 쓴다고 그게 즐거워 춤출 사람도 없다. 바람떡과 꿀떡과 인절미처럼 누구나 알고 있고 누구나 먹어봐서 친근한, 마침 눈에 띈다면 읽어봄 직한 정도의 존재면 충분하다. 대단히 새롭거나 대단히 번뜩이지 않아도 괜찮다. 알던 맛이면 충분하다.

그래서 나는 누구나 익히 알고 좋아하는 그 떡을 맛있게 만드는 데 정성을 쏟기로 했다. 누구도 시도해보지 않은, 온 세상의 상상력과 창의력이 총동원된 참신한 표현이나 글감을 욕심내지 않는다. 이미 누군가 언젠가는 글로 표현했을 소재를 가지고, 식상하기 짝이 없는 표현을 지루하도록 주섬주섬 늘어놓는 것이 내 글의 시작이다. 나도 나에게 기대하지 않는다. 셰익스피어도, 무라카미 하루키도 아닌 내가 애초에 그런 식의 글을 쓰는 건 불가능한 일이며, 그곳에 닿기 위해 쓰는 것도 아니다. 나는 그들을 마음껏 흉내 내는 글을 쓰기로 했다. 떡집에 새로운 떡이 없어도 아무 상관없듯 그냥 검증된 떡만으로 충분하다.

작가의 벽을 넘는 또 다른 방법을 소개하기 위해, 미국의 작가 실비아 플라스의 문장을 인용하고자 한다.

나는 내가 쓴 것을 좋아하지 않지만, 쓰고 있는 나 자신은
좋아한다.

나도 그렇다. 쓰고 있는 나는 참말로 근사하다. 일단 나는
화면을 보며 끊임없이 키보드를 두드리고 있다. 언젠가 영
화에서 본 커리어 우먼이나 대작가의 옆모습과 얼추 비슷
해 보인다. 시선은 모니터에 고정되어 있고, 손가락은 키보
드 위를 나비처럼 오가고, 5분에 한 번쯤 옆에 놓인 스타벅
스 머그잔에 담긴 페퍼민트 티를 홀짝인다. 미간을 찌푸리
며 오만상을 쓸 때도 있지만, 멍하니 응시하거나 반짝하며
재빠르게 문장을 완성할 때도 종종 있다. 관련 내용이 담긴
책장을 뒤적일 때도 있고, 창밖을 보며 생각을 정리할 때도
있다. 내가 가장 좋아하는 내 모습이 맞다.

그뿐이 아니다. 텅 비었던 화면이 서서히 채워진다. 아주
가끔은 한두 시간, 대부분 서너 시간은 족히 맴돌아야 간신
히 채워지지만 아무러면 어떤가? 채워졌으니 그만 아닌가?
검정 글씨로 채워진 하얀 바탕을 보는 일은 언제나 짜릿하
다. 도파민이 솟구치고, 가슴 깊이 뿌듯하다. 난 정말 대단하
다. 이 기세라면 책 한 권도 뚝딱 써낼 수 있을 것 같다. 책

만 쓰겠나. 가슴 한구석을 무겁게 짓누르던 일상의 다단한 짐들이 훨훨 가볍게 느껴진다.

단 하나, 이 모든 과정을 즐기기 위해서는 한 가지만 피하면 된다. 이것만 안 하면 글쓰기를 오롯이 즐길 수 있다. 쓰고 있는 나 자신을 좋아하고, 사랑할 수 있다. 피해야 할 한 가지 철칙은 내가 오늘 쓴 글은 오늘 바로 다시 읽지 않는 것이다. 재빨리 저장 버튼을 누르고 과감하게 창을 닫아버린다. 작가 실비아 플라스처럼 나도 내가 쓴 것을 좋아하지 않기 때문이다.

더 정확히 표현하자면, 내가 '오늘' 쓴 글을 좋아하지 않는다. 내 모든 글을 좋아하지 않는다면 쓰는 사람으로 살 수 없을 것이다. 내가 피하고 싶은 것은 오늘 막 써낸 쓰레기 같은 초고다. 이걸 다시 읽지 않고 흐린 눈으로 흰 바탕을 메운 검정 글씨들을 바라보기만 한다면 나는 이 글쓰기를 그럭저럭 계속할 수 있을 것도 같다. 흐린 눈으로 바라봐야 한다. 결과물을 보려는 노력 대신, 오늘도 흰 바탕을 기어이 검정 글씨로 메워낸 나의 끈기와 노력에 박수를 보내야 한다.

그렇다면 안심이지만, 정말 그래도 될까? 그래도 된다. 글은 완성된 순간보다 쓰는 과정에서 더 큰 가치를 발휘한다.

문장을 고치며 망설이고, 단어 하나를 두고 오래 고민하는 때가 바로 나를 단련시키는 시간이다. 잠시 멈췄다가 다시 이어 쓰는 동안 생각은 더욱 명확해지고, 마음은 점점 더 단단해진다. 글이 완성되기 전에 이미 내 안에서 작은 변화가 일어난다. 그래서 글쓰기는 결과물이 아니라 과정 그 자체가 목적이 된다.

멋진 글 한 편을 남기지 못해도 괜찮다. 쓰는 동안 내가 무엇을 느꼈는지, 어떤 질문을 붙잡았는지가 중요하다. 그 반복 속에서 사고는 깊어지고, 마음은 넓어지며, 결국 나를 새롭게 만난다. 글쓰기가 주는 가장 큰 선물은 완성된 원고가 아니라, 그 원고를 향해 나아가는 동안의 나 자신이다.

많은 작가가 글을 쓰는 시간이야말로 가장 힘들고 고통스럽다고 고백한다. 문장이 마음대로 이어지지 않을 때 느끼는 답답함, 수없이 지우고 고치는 과정에서 오는 지침은 누구도 피할 수 없는 글쓰기의 현실이다. 때로는 글 상자 앞에 앉아 있는 것 자체가 고문처럼 느껴지기도 한다. 그럼에도 작가들은 매일 그 시간을 견뎌내며 다시 글쓰기를 시작한다.

아이러니하게도 대부분의 작가가 그 고통의 시간을 지나고 나면 조금 더 나은 자신을 발견한다고 입을 모은다. 글을 쓰는 동안 자신과 끝없이 마주하고 생각을 밀어붙임으로써 결국 새로운 통찰을 얻기 때문이다. 글을 쓰기 위해 몸부림친 시간이 자신을 성장시키는 것이다. 그래서 작가들은 오늘도 펜을 들고 또다시 그 고통스러운 자리로 돌아간다.

글쓰기를 시작할 때 우리는 흔히 '완성된 결과물'을 떠올린다. 잘 다듬은 문장, 멋진 이야기, 누군가에게 인정받을 만한 글. 하지만 그 기대는 글쓰기를 더 어렵게 만들고, 시작조차 막아버린다. 처음부터 완벽한 글을 쓰겠다는 부담을 내려놓아야 한다. 글쓰기는 한 번에 끝내는 성취가 아니라, 조금씩 나아가는 과정이다. 미완의 문장이라도 내 손에서 나온 순간, 이미 소중한 기록이다.

그러므로 목표를 '결과'가 아니라 '과정'에 두는 것이 중요하다. 이를테면 '오늘은 딱 15분만 써본다'라든가 '15분 동안 한 문단이라도 쓴다'와 같은 작은 약속이 필요하다. 이렇게 정한 시간 동안 글에 집중하다 보면, 분량이나 완성도를 신경 쓰지 않은 상태에서 자연스럽게 문장이 이어진다. 중요한 포인트는 쓰는 습관을 놓지 않는 것이다. 습관은 성취보다 오래가고, 작은 습관이 모여 결국 큰 변화를 만든다. 글은 그렇게 조금씩 쌓여 어느 날 새로운 나를 드러내는 신기한 존재다.

　나는 매일 오전 다섯 시간을 '쓰는 시간'으로 정해두고, 엉덩이를 무겁게 단련시켰다. 다섯 시간 동안 글을 붙잡고 앉아 있는 일이 결코 쉽지 않지만, 아픈 아이를 두고 출근해야 했던 교사 시절을 떠올리면 감사할 따름이다. 그때는 이른 아침에 집을 나서서 꼬박 여덟 시간을 교실에서 버텨야 겨우 퇴근할 수 있었으니, 지금의 다섯 시간 글쓰기는 호사스러움의 극치다. 하지만 중요한 건 여덟 시간이냐, 다섯 시간이냐가 아니다. 가벼운 엉덩이를 꾹꾹 누르고 앉아 글쓰기 과정에 온전히 할애하는 그 시간이 지금의 나를 만들었다는 게 중요하다.

　요행을 바라기엔 재능이 부족하기도 했다. 노력으로 결과를 바꾸어보자는 마음뿐이었고, 그건 지금도 변함이 없다. 감사하게도 글쓰기는 예술보다 기술에 가까운 쪽이라 타고난 것에 비하면 후천적인 노력과 거기에 들인 시간을 배반하지 않는다. 분량을 채우고, 정한 시간 동안 버티겠다는 마음이 관건이다. 잘 쓰기보다 그걸 목표로 삼고 보낸 날들이 쌓여 지금의 나를 만들었다. 나는 놀랄 만큼 빠른 속도로 달라지는 중이다. 그래서 내 글이 좀 더 좋아질 것이라는 사실을 조금도 의심하지 않는다. 무엇보다 계속 쓸 것이기 때문이다.

글쓰기를 성취 혹은 결과가 아니라 다른 무엇을 위한 징검다리, 과정, 연습 정도로 적당히 바라보자. 힘을 빼고 느슨하게, 헐렁하게 쓰자. 그렇게 마음을 먹는 순간, 키보드 위의 손가락은 한결 가볍게 움직인다. 대충 쓰자. 적당히 쓰자. 짧게 막 쓰자. 완성도 높은 글, 누구나 감탄할 만한 글을 써야 한다는 압박에서 벗어나 그저 오늘의 생각을 붙잡는 연습이라고 여기면 충분하다. 어차피 언젠가 읽은 대작가 같은 근사한 글을 쓰려면 오늘 쓴 초고로는 어림도 없다. 그러니 기대를 내려놓고 우선은 시작하는 데 의미를 두자.

하지만 잊지 말자. 오늘의 습작 없이는 완성작도 없다는 사실을 말이다. 오늘 흰 바탕 위에 힘겹게 채워 내려간 검정 글씨들이 차곡차곡 쌓여 어느새 사고의 깊이를 넓혀주고, 표현의 힘을 길러준다. 그리고 의식하지 못하는 사이, 글과 내 삶이 자연스럽게 맞닿아 하나가 되어간다.

5

우리는 이야기 속에서 산다

오랜만에 만난 대학 친구가 벌겋게 달아오른 얼굴로 씩씩
거린다.

"야, 내가 그렇게 교사처럼 보여? 내가 어딜 봐서 교사 같
냐고!"

"왜 그래?"

"동네 세탁소 아저씨가 나보고 '선생님 맞죠?' 이러면서
빵 터지는 거야."

"네가 뭐라고 했길래?"

친구는 억울하다는 표정으로 상황을 재연했다.

"안녕하세요? 이 패딩 세탁 좀 맡기려고요. 자, 사장님 지
금 여길 한번 보세요. 앞에는 커피 얼룩, 뒤에는 눈에 젖은

얼룩이 각각 한 군데씩 있어요. 다음 주 월요일에 꼭 입어야 하는데, 이번 주말에 찾으러 와도 될까요? 주말엔 보통 몇 시까지 하세요? 세탁 끝나면 문자로 꼭 알려주시면 감사하겠습니다. 제 말 이해되시죠?”

나는 그 말을 들으며 웃음이 터졌다.

“야, 뼛속까지 교사네. 애들 생활기록부 작성하듯이 얼룩 기록 남기고, 일정 미리 따지고, 마지막에 확인 질문까지, 아주 그냥 이마에다 ‘저 교사입니다’라고 써 붙이고 다녀라.”

“아니라고! 난 그냥 설명한 건데. 아, 진짜 다들 왜 나만 보면 교사 같대….”

교사 경력 20년인 친구가 재연한, 누가 봐도 교사 같은 말과 행동으로 가득한 장면이 눈앞에 떠올라 계속해서 웃음이 터졌다. 얼룩 설명, 일정 조율, 문자 요청에 이해 여부 확인까지 누가 들어도 교사다. 교사가 교사처럼 보이는 게 왜 씩씩댈 일이냐고 묻는다면 교사라는 직업 특유의 꼼꼼함과 깐깐함, 조목조목 따져 설명하는 습관이 때를 못 가리고 툭툭 튀어나오기 때문이다.

교사 본인에게는 썩 유쾌하지 않은 순간이다. 괜히 교사라는 사실이 드러나고 끝내 정체가 밝혀지면, 앞으로는 동네에서 배꼽티를 입고 다니거나 술에 취해 비틀거릴 때마다 주변 시선을 의식할 수밖에 없다. 평소라면 아무렇지 않을 행동도 '교사답지 못하다'라는 잣대가 따라붙을까 봐 괜히 마음이 불편하다. 정말 불편하다.

친구와 한바탕 유쾌한 시간을 보내고 돌아온 밤, 나는 컴퓨터 앞에 앉자마자 작업 중이던 '직업병' 관련 원고의 도입부를 과감히 엎어버렸다. 직업병이 왜 생기고 어떤 특징이 있는지 늘어놓는 딱딱한 설명 대신, 친구가 세탁소에서 겪은 일을 그 자리에 없던 다른 친구에게 전하듯 가볍고 즐겁게 풀어냈다. 그렇게 시작하자 멈춰 있던 문장이 술술 이어졌고, 머뭇거리던 글은 순식간에 한 편의 이야기로 완성되었다.

평범해 보이는 일상이 무겁고 건조한 주제를 단숨에 환히 밝혀주는 순간이 있다. 그저 지나가는 대화 한 줄, 사소한 풍경 하나를 글로 옮기는 순간, 독자는 자신도 모르게 미끄러지듯 글 속으로 빨려 들어간다. 아무리 값진 메시지를 담았다 한들 독자에게 닿지 않으면 그 글은 금세 숨을 잃는다. 결국 메시지를 살아 움직이게 하는 것은 이야기의 힘이며, 다행히도 우리 일상은 이야기로 차고 넘친다. 글쓰기는 그저 그 이야기들을 건져 올려 빛을 비추는 것일 뿐이다.

우리는 이야기를 좋아한다. 인간이 본능적으로 이야기에 끌리는 데는 이유가 있다. 단순한 정보보다 이야기를 들을 때 집중력이 높아지고, 기억이 오래 남는다. 수만 년 전 모닥불 주위에 둘러앉아 음식을 나누던 시절부터 사람의 뇌는 '앞뒤 맥락이 있는 말'에 특별히 귀를 기울였다. 이야기는 생존을 위한 지도였고, 지금도 여전히 우리 귀와 눈을 붙잡는다.

이야기는 또한 사람을 이해하는 가장 자연스러운 방식이다. '나는 왜 그때 그렇게 화가 났을까?', '왜 그 상황이 아직도 생생할까?'라고 되짚는 순간, 사건은 단순한 기록을 넘어 나만의 서사가 된다. 친구의 세탁소 사건도 그냥 옷을 맡기고 끝났다면 흔적 없이 사라졌을 것이다. 그러나 억울하다는 감정을 실어 되새기고 재연했기에 그 일은 하나의 장면으로 각인되어 결국 '나의 이야기'로 남았다.

그래서 일상 속 작은 에피소드가 중요하다. 평범한 하루도 누군가와 나누는 순간 특별해진다. 버스에서 모르는 사람이 갑자기 자리를 양보한 일, 내가 편의점 계산대에 두고 온 지갑을 직원이 곧바로 찾아준 일, 이런 사소한 에피소드가 쌓여 내 하루는 의미를 갖는다.

　일상 속 작은 에피소드를 글로 옮기는 것 정도는 쉬운 일이라고 지레짐작하는 이가 많다. 아쉽지만 그렇지 않다. 일상을 글로 바꾸는 작업은 생각보다 훨씬 어렵다. 소소한 개인의 이야기를 풀어낸 글이라 누구나 쉽게 쓸 수 있을 것 같지만, 사실은 그렇지 않다. 많은 사람이 에세이를 가장 손쉬운 글쓰기라고 여겨도, 정작 자기 삶을 정직하게 드러내는 것이야말로 가장 힘든 작업이다. 일상은 사소해 보이지만, 그 속에 담긴 시간과 감정을 솔직하게 꺼내는 일은 깊은 용기와 성찰을 요구한다.

　소소하다고 해서 시시한 것은 결코 아니다. 자잘한 사건과 흔한 경험이 모여 한 사람의 삶을 형성한다. 그렇기에 일상 글쓰기는 작고 평범한 순간을 진지하게 다루며, 그 속에서 보편적인 울림을 끌어내는 작업이다. 특별한 사건보다 평범한 하루에서 의미를 발견하는 힘, 그것이야말로 글쓰기의 진정한 가치다.

　언뜻 보기엔 모두가 비슷한 하루를 사는 듯하지만, 조금만 들여다보면 각자의 하루는 매우 다르다. 같은 시간, 같은 공간을 살아도 느끼는 감정과 떠오르는 생각은 전부 다르다. 식상한 말처럼 들릴지 몰라도, 우리는 정말로 자기 삶의 주인공이다.

어떤 삶이든 깊이 들여다보면 모두가 드라마 같은 서사를 품고 있다. 액션, 멜로, 코미디, 휴먼 드라마 등 장르가 다를 뿐 그 누구의 어떤 하루도 반복되지 않는다. 오늘이라는 장면은 누구에게나 처음이고, 그래서 매일은 기록할 가치가 있다. 글쓰기는 바로 그 '다른 오늘'을 붙잡아 평범 속에 숨은 유일한 이야기를 길어 올리는 일이다.

글을 쓰는 것은 나의 이야기를 채우는 일이다. 일기를 쓰든, 블로그에 짧은 글을 남기든 그 기록은 누군가에게 읽히며 또 다른 이야기로 살아난다. 친구의 세탁소 에피소드처럼 누군가 읽는 순간, 그 글은 나를 넘어 우리 모두의 이야기가 된다. 사소한 경험을 기록하는 행위가 내 삶을 환히 비추는 동시에 타인의 삶과도 이어지는 다리 역할을 한다. 그래서 글쓰기는 혼자의 작업 같지만, 결국은 함께 나누는 삶의 확장이다.

그래서 나는 믿는다. 일상을 채우는 것은 거창한 사건이나 대단한 정보가 아니라 소소한 이야기라고 말이다. 인류는 이야기를 통해 서로 소통하며 생존해왔다. 이야기는 밥처럼 매일 필요하고, 숨처럼 늘 곁에 있다. 오늘도 나는 작은 이야기를 한 줄 쓰며 스스로를 다독인다. 그 기록이 내일을 버틸 힘이 되어준다. 그렇게 이어지는 이야기의 조각들이 모여 내 삶의 얼굴을 빚어내는 것이다.

글과 삶은 서로 깊게 맞닿아 있다. 내 삶을 돌아보고 마주해야만 비로소 글이 흘러나온다. 그래서 처음 글을 쓰기 시작할 때는 강렬한 기억이나 마음 깊이 사무친 사건, 삶의 커다란 변곡점을 붙들게 된다. 그것들이 가장 쉽게 손에 잡히고, 가장 강하게 나를 자극하기 때문이다.

하지만 계속해서 쓰다 보면 점차 시야가 넓어진다. 내 안에서만 맴돌던 글이 조금씩 바깥으로 향하고, 나 아닌 다른 세계를 담아내려는 마음이 커진다. 글은 나에게서 출발하지만 결국 타인과 사회, 더 넓은 세계로 번져간다. 그렇게 우리는 '나만의 이야기'를 넘어 '우리의 이야기'를 발견한다.

인생을 바꾸는 건 사건이 아닌 반응

요가를 시작한 지 햇수로 3년째다. 퐁당퐁당 쉰 기간도 제법이지만 꾸준히 살아남은, 몇 안 되는 운동 중 하나다. 햇수만큼의 내공이 어디로 가지는 않는 법인지, 곁눈질로 끙끙거리며 흉내는 곧잘 내는 서당 개 정도는 되었다.

매주 화요일과 목요일 저녁이면 서당 개는 일찌감치 요가원을 향해 집을 나선다. 퍽 대단한 모범생도 아니면서 주로 1, 2등으로 도착할 만큼 서두르는 이유는 자리 선점을 위해서다. 늦게 가면 앞줄이다. 끔찍하다. 뒷사람에게 사시나무처럼 바들바들 비틀거리는 사지를 관람하는 기쁨을 주고 싶지 않다. 난 인색한 사람이니까. 종종걸음으로 도착해 맨 뒷줄에 매트를 깔고 나서야 안도한다. 오늘도 성공, 마음껏

비틀거릴 준비 끝.

어제는 유난히 엉망이었다. 오랜만에 내린 비가 반가웠던 강사님이 창문을 열어두었는데, 시원한 것은 둘째치고 매트가 쩍쩍 달라붙는 느낌의 눅눅함에 시작하기도 전에 불길했다. 불길한 예감은 틀리지 않는 법이다. 10분 만에 땀이 흐르기 시작했다. 10분 만에 시계를 확인하고는, 이제 10분이 지났는데 언제 끝나나 싶어 한숨을 쉬었다는 의미이기도 하다. 목덜미에서 흐른 땀이 거꾸로 처박히는 온갖 자세를 타고 줄줄 흘러 얼굴을 적셨다. 공들여 덕지덕지 바른 견고한 파운데이션 장벽도 일순간 무너졌다. 자세를 바꾸는 사이사이, 거울에 비친 내 꼴에 이대로 훌쩍 집에 가버리고 싶은 충동마저 일었다.

그렇게 한 시간을 간신히 버티고 도망치듯 엘리베이터에 올랐다. 내 옆자리에서 나만큼이나 몸이 뻣뻣하고 자세가 볼품없어 은근히 나를 위로해줬던 분도 함께 탔다. 오호, 이분이라면 말이 좀 통하겠는데? 다짜고짜 하소연을 시작했다.

"아, 저 오늘 너무 힘들었어요. 자세도 어렵고, 습하고. 강사님은 에어컨 좀 틀어주시지."

"힘들긴 해도 땀을 쭉 빼고 나니까 정말 상쾌하지 않아요? 아, 개운해.”

“네? 아, 네, 그렇죠. 땀을 빼면 개운하긴 하죠. 그래도 오늘은 너무 어려웠어요.”

“그렇긴 한데요, 잘하지 못해도 따라 하다 보니 예전보다 훨씬 나아진 것 같긴 해요.”

저분, 분명히 내가 봤는데… 오늘 수업에서 나보다 엉망인 분이 딱 한 명 있어서 내가 유심히 봤는데… 그러니 나보다 더 앓는 소리 해야 맞는데… 상쾌? 개운? 훨씬? 정말이야? 예상대로라면 나만큼이나 툴툴거리고, 나보다 더 굳은 몸을 탓해야 했다. 나로선 당연히 당황할 수밖에 없다. 강사님의 구령에 맞춰 무거운 몸을 움직인 덕분에 구석구석 쌓였던 노폐물을 배출하고, 서걱거리는 관절을 부드럽게 단련시키고, 물컹거리는 살덩이를 단단하게 만들어준 그 한 시간 동안 그녀는 내 옆자리에서 연신 비틀거리고 넘어지고 끙끙댔다. 그랬는데… 아, 이 여자, 내공이 보통은 아니다.

똑같이 힘들고 똑같이 뻣뻣했던 시간을 나는 고단함으로 기억하고, 그녀는 개운함으로 받아들인 것이다. 갑자기 내린 비 때문에 습하고 눅눅한 교실이 나에게는 쩍쩍 달라붙는 성가신 공간이었고, 그녀에게는 땀을 쭉 빼기에 더없이 적절한 공간이었다. 나를 연신 거슬리게 했던 어려운 동작이 그녀에게는 자신의 성장을 가늠해보는 제법 괜찮은 일이었다. 내가 내내 시계를 보며 한숨짓는 동안, 그녀는 어려운 동작을 하나하나 시도하며 뿌듯했나 보다. 어디 요가만 그럴까, 우리의 모든 일상이 그렇다. 인생을 결정하는 것은 사건이 아니라 그에 대한 반응이기 때문이다.

똑같은 수업, 같은 동작을 하면서도 나는 "오늘은 최악이야"라며 툴툴거렸고, 옆자리에 있던 그녀는 개운하다며 미소를 지었다. 사건은 하나지만 반응은 두 가지였다. 그 차이가 하루의 기분을 갈라놓고, 나아가 그 사람의 태도를 빚어낸다. 반응이 곧 성격을 만든다. 작은 일에도 짜증을 내는 사람은 시간이 흐를수록 그게 습관이 된다. 하지만 똑같은 일을 허심탄회하게 받아들이는 사람은 점점 더 여유를 몸에 두른다. 사건은 흘러가지만, 반응은 쌓인다.

그렇다면 나는 왜 늘 "힘들다", "지겹다", "하기 싫다"와 같은 말부터 꺼낼까? 글을 쓰다 보면 그 이유가 보인다. 막연히 짜증이 났다고 써도 두세 줄 더 이어가다 보면 어느 순간 내가 힘들었던 이유는 사실 땀 때문이 아니라, 남들이 볼까 봐 민망했기 때문이라는 사실을 깨닫는다. 글은 거울처럼 내 반응의 뿌리를 비춘다. 눈앞의 사건을 그냥 넘기면 그저 스쳐 지나가지만, 글로 붙잡으면 그 안에 숨어 있던 감정의 본색이 드러난다.

이는 마치 같은 사진을 놓고 누군가는 "배경이 멋지다"라고 말하고, 누군가는 "내 표정이 왜 이래"라고 말하는 것과 같다. 사진은 똑같아도 보는 눈이 다르고, 사건은 같아도 해석이 다르다. 결국 객관적 사건보다 중요한 것은 나의 주관적 반응이다. 그래서 글쓰기는 사건과 반응을 구분하는 훈련이기도 하다. 내가 겪은 일과 내가 내린 해석을 떼어놓고 보는 순간, 삶이 좀 더 명료해진다.

게다가 반응을 기록해두면 시간이 흐른 뒤 더 큰 보물로 다가온다. "정말 힘들었어"라고 했던 시험 기간의 푸념이 몇 년 후에는 "그래도 꽤 열심히 했네"라는 자기 위로로 변한다. 친구와 싸우고 쓴 울분 가득한 글이 나중에는 "그땐 내가 많이 서툴렀어"라는 성찰로 바뀐다. 글은 감정을 저장하는 창고이자, 다시 꺼내 읽을 수 있는 연습장이다. 그 기록들이 쌓이면 반응은 더 이상 순간의 감정에 끌려가지 않는다. 오히려 감정의 흐름을 스스로 이해하고 조율할 수 있다.

그래서 나는 글쓰기를 단순한 취미가 아니라, '반응을 길들이는 도구'라고 생각한다. 사건이 나를 흔들어도 반응은 내가 선택할 수 있다. 글은 그 선택을 조금 더 현명하게, 조금 더 유쾌하게 만들어준다. 인생을 결정하는 것은 사건이 아니라 반응이고, 그 반응을 가꾸는 일은 결국 내가 쓰는 글에서 시작된다.

글쓰기는 거창한 작업이 아니다. 매일 일기를 쓰겠다는 결심이 아니어도 좋다. 하루 동안 있었던 일 중 가장 크게 다가왔던 반응 한 가지만 적어도 충분하다. "오늘 수업이 지루했음", "친구의 말에 괜히 서운했음", "엄마가 해준 밥이 맛있어서 행복했음" 같은 단 한 줄짜리 기록이 훗날 나를 돌아보는 씨앗이 된다. 사건보다 반응을 중심에 놓고 기록하다 보면 내가 늘 어떤 상황에서 불편함을 느끼는지, 어떤 장면에서 기분이 환해지는지가 자연스럽게 드러난다.

그리고 글은 언제나 나를 '한 발 뒤에서' 바라보게 만든다. 즉각적으로 화를 낸 일도 글로 옮겨 적는 순간, 이미 조금은 식은 사건이 된다. 글쓰기 덕분에 감정의 온도가 내려가고, 그제야 객관적인 시선이 생긴다. 글이 주는 힘은 바로 여기에 있다. 내가 내 반응을 다시 읽는 독자가 된다는 것이다. 사건 한가운데 있던 내가 글 속에서 해설자가 되고, 그런 경험이 나를 조금 더 단단하게 만든다.

마지막으로 글은 지금의 반응을 '다음의 좀 더 나은 반응'과 연결해준다. 오늘의 불평이 내일은 성찰이 되고, 모레는 감사가 될 수 있다. 글은 반응을 수정하는 시간 여행이다. 그래서 반응을 쓰는 글쓰기는 단순히 '기록'이 아니라, 나를 매일 조금씩 키워내는 '성장의 도구'다. 그렇게 우리는 점점 깊어진다.

깊어진다는 것은 같은 장면을 다른 각도에서 바라보는 일이다. 겉으로는 단순해 보이는 하루도 마음을 기울이면 훨씬 넓은 의미가 드러난다. 아이가 건네는 사소한 질문에서 인생의 철학을 발견하기도 하고, 창밖에 스치는 계절의 빛깔에서 시간의 흐름과 나이 듦을 느끼기도 한다. 이렇게 생각의 층을 한 겹 더 쌓는 순간, 일상은 평범함에서 벗어나 풍요로운 의미를 품는다. 같은 하루인데, 같지 않아진다. 새로워진다, 특별해진다, 풍요로워진다. 매일 반복되는 일상을 그렇게 살 수 있다면 세계 일주도 부럽지 않다. 일상에서 벗어나고 싶어 몸부림을 친 끝에 덜덜 떨며 사표를 던지고 떠나는 게 세계 일주가 아니던가.

일상의 풍요로움은 돈이나 물건이 많아진다는 뜻이 아니

다. 그런 이치라면 부자의 일상은 하나같이 풍요로워야 한다. 그런데 부자의 일상은 풍족하긴 해도 풍요롭다고 단정하긴 어렵다.

우리는 모두 하루라는 똑같은 길이의 시간을 살아간다. 그 안에서 얼마나 많은 의미를 발견했는지가 풍요로움의 기준이다. "행복은 만드는 게 아니라 발견하는 것"이라는 명언도 아마 비슷한 맥락일 것이다. 일상의 풍요와 깊이는 오늘 일어난 어떤 사건의 표면에서 그치지 않고, 그 뒤에 숨은 의미와 감정을 짚어내며 나를 성장시킨다. 가진 게 적더라도 충만하고, 매일의 사소한 순간조차 소중한 선물처럼 느껴지게 만드는 비결이다.

힘겨운 요가를 하며 땀을 쫙 빼고 나니 너무도 개운하다며 기뻐하는 여자의 얼굴엔 일상의 풍요로움이 고스란히 담겨 있었다. 나는 그 모습에서 문득 내 삶을 돌아보았고, 그 장면을 한 편의 글로 옮기며 또 다른 풍요로움을 발견했다. 화려한 사건을 경험하거나 특별한 여행을 하지 않아도, 일상의 순간을 붙잡는 것만으로 삶은 충분히 빛난다.

내일 당장 하와이의 최고급 리조트로 떠날 수 있는 사람이 얼마나 있겠는가? 그렇다면 우리가 놓치지 말아야 할 것은 오늘, 바로 이 평범한 일상이다. 똑같이 흘러가는 하루 속에서 의미를 발견하고 기록하는 순간, 그 하루는 특별해진다. 일상을 들여다보는 최고의 도구는 다름 아닌 글쓰기다. 글을 쓰는 순간 우리는 오늘을 붙잡고, 그 작은 기록이 내일을 버틸 힘으로 바뀐다.

일상 속 글감 발견하기
– 무엇을 쓸까

1.
메모에서 문장이 시작되는 순간

NBA 뉴욕 양키스의 경기를 직관하고 숙소로 돌아온 밤이라고 해보자. 예술에 가까운 선수들의 실력과 박진감 넘치는 경기를 볼 때의 흥분이 쉬이 가라앉지 않을 것이다. 그리고 혼자 떠난 미국행이었다면 한국에 있는 친구 누구한테라도 전화를 걸어 그 생생함을 표현하고 싶을 테고, SNS든 채팅방이든 닥치는 대로 사진과 영상을 올려 자랑하고 싶을 것이다. 만약 이날 글 한 편을 써야 하는 숙제가 있다면, 그 글의 주제가 '오늘 있었던 일 중 가장 기억에 남는 한 가지'라고 한다면, 그 숙제를 해내는 것은 일도 아니다. 보고 느낀 그대로 쓰기만 해도 열 줄은 그냥 넘길 수 있을 테니 말이다.

　문제는 그런 일이 1년에 한 번 있을까 말까 한 게 인생이라는 점이다. 일상은 어쩜 이렇게 그날이 그날이고, 오늘이 어제 같은지, 도무지 쓸거리가 생각나지 않아 한숨만 푹푹 쉬는 게 보통이다. 특별한 요리를 먹지도 않았고, 만날 가는 학교와 회사에 다녀왔을 뿐이다. 이런 나는 물론이요, 우리 가족 누구에게도 별다른 일이 일어나지 않는다. 날씨는 어제와 거의 같고, 수요일과 목요일은 매주 헷갈릴 만큼 비슷하다. 그런 일상에서 무엇을 골라 길고 긴 글 한 편을 만들어낼 수 있단 말인가? 답답할 노릇이다. 글감 찾아 3만 리를 떠날 수도 없다.

　그렇다면 생각을 바꾸자. 글감은 그렇게 찾으면 죽을 때까지 못 찾는다. 우리가 지속하려는 것은 일상 글쓰기라는 점을 기억해야 한다. 어쩌다 한번 다녀온 해외여행이나 가족 중 누군가의 죽음처럼 특별한 일이 생겼을 때 쓰는 글이 아니다. 마땅찮은 글감 때문에 고민한 적이 있다면 발상의 전환이 필요하다. 우리는 쓸거리가 있어서 쓰는 게 아니다. 그게 글이 될지, 글감으로서 가치가 있을지에 대한 판단을 유보한 채 사소한 일상 중 만만한 것 하나를 골라 쓰면 된다.

　그냥 살던 대로 살자. 원래 삶은 단조롭고, 행복은 밋밋하다. 글이 될 만한 특별한 사건은 결코 일어나지 않을 거라는 전제하에 사소한 것에 관해 쓰기 시작하자. 어이없는 실수, 나를 속상하게 만든 작은 실패, 길거리에서 우연히 발견한 사진 한 장이나 광고 문구, 지하철이나 버스에서 들은 대화 한 줄, 친구가 무심코 건넨 한마디, 전혀 예상하지 못한 지출, 밥을 먹으면서 본 영상 속 내용, 병원 대기실에서 관찰한 어떤 아주머니의 모습, 가족과의 사소한 말다툼, 간발의 차로 버스를 놓친 후 생각한 것….

'오늘'이 아니어도 상관없다. 우리는 오늘 저녁에 쓴 일기를 내일 아침 담임 선생님 책상 위에 올려놔야 하는 초등학생이 아니다. 최근에 있었던 일, 문득 떠오른 오래전 일, 자세히 기억나진 않지만 언젠가 경험했던 일 등 시간에 구애받지 말고 글감에 주목하자.

나는 누가 봐도 '저 사람은 스마트폰에 단단히 중독되었나 보다'라고 생각할 만큼 스마트폰을 자주 들여다보는 편이다. 그럼에도 '중독'이 아니라고 자신 있게 말할 수 있는 이유는 내가 스마트폰을 붙잡고 있는 이유가 보거나 읽는 게 아니라, 메모하는 것이기 때문이다. 본 것, 들은 것, 말한 것, 생각한 것, 읽은 것, 스친 것, 발견한 것, 깨달은 것을 차곡차곡 스마트폰 메모장에 입력한다. 그러느라 내 손엔 항상 스마트폰이 쥐여 있다. 모임에서 이야기를 나눌 때 특히 그러는 바람에 영문 모르는 상대는 내가 긴급한 연락을 주고받는 중이라고 오해할 때도 종종 있다. 미안한 일이지만 어쩔 수가 없다.

원고 마감 일정, 강연 일정, 집안 경조사, 두 아이의 학교 일정 등이 혼재해 도저히 기억하기 어려운 탓에 나는 수년째 다이어리에 꼼꼼히 기록하며 행여 놓치는 일을 최소화하기 위해 노력한다. 다이어리는 메모 수집에 제격이다. 특히나 손으로 쓰는 다이어리는 책, 신문, 잡지 등을 읽으며 기록하기에 제격이다. 스마트폰으로 간결히 메모하기엔 내 생각이 많이 담기는 편이기 때문에, 무언가를 읽을 땐 다이어리를 펼쳐놓을 때가 많다.

이게 전부는 아니다. 구글 문서도 훌륭한 메모장이다. 일기처럼 불쑥 쓰고 싶을 때, 책을 읽는 동안 참고할 문장이 너무 많아 다이어리에 담기 버거울 때 구글 문서를 펼쳐 입력한다. 손 글씨에 비해 빠른 속도로 입력할 수 있고, 전문을 다 담을 수 있으며, 언제든 삭제 또는 수정하기 간편해서

이 또한 내 글쓰기 방법 중 하나로 자리 잡았다.

수년째 메모를 지속하면서 느낀 점은 찾아보기 편리하다는 최신 플랫폼도 내가 사용하기에 어딘가 좀 불편하다면 그곳에 담기가 쉽지 않다는 점이다. 여러 정보를 차곡차곡 아카이빙하기에 최적화되었다는 애플리케이션이 많다. 나도 시도해보지 않은 것은 아니지만, 결국 내 방식대로 하기로 했다. 애플리케이션이 무용하다고 말하려는 게 아니다. 각자에게 맞는 메모 방식이 있을 테니 그것을 찾아내면 된다는 뜻이다. 근사해 보이는 방식이 아니어도 좋다. 나만의 것을 찾아보고 지속하자. 거기서 '노다지'가 나올 것이다.

그 덕분에 나는 글을 쓰려고 한글 창을 띄워놓은 후, 허공을 바라보며 눈만 껌뻑이는 일이 없다. 그럴 시간이 없다. 수북한 메모를 펼치면 쓰고 싶은 글감들이 눈에 들어온다. 한글 창을 띄우는 것과 거의 동시에 스마트폰의 메모장 또는 다이어리를 펼쳐 글감을 고른다. 다양한 식재료로 꽉꽉 채운 냉장고를 열어 식사 준비를 하는 것은 어렵지 않다. 할 만하다. 말라비틀어진 신 김치와 먹다 넣어둔 냉동식품 몇 가지가 전부인 냉장고를 털어 식탁을 완성하는 것보다는 훨씬 쉽고, 빠르고, 때로 재미도 있다.

냉장고 얘기가 나온 김에 메모로 대충 휘갈긴 글감을 활용하는 법에 관해서도 생각해보자. 우리 집 냉장고엔 달걀과 두부가 떨어지는 법이 없다. 마법 같은 재료다. 여러 요리에 풍성함을 더해주거나 혼자만으로도 훌륭한 음식이 된다.

먼저 달걀, 달걀은 언제나 믿음직하다. 국이나 볶음밥 위에 살짝 올리면 음식이 한결 부드러워지고, 김치찌개나 카레에 풀어 넣으면 국물에 고소한 깊이가 더해진다. 달걀만으로 완성되는 요리도 있다. 프라이팬에 톡 깨서 넣어 노른자가 반쯤 익을 때 불을 끄면 달걀프라이가 되고, 젓가락으로 휘저어 소금 한 꼬집만 더하면 부드러운 스크램블이 된다. 달걀찜, 달걀말이, 삶은 달걀, 오믈렛까지 그야말로 다양하게 활용할 수 있다.

냉장고 속 어디에 두어도 제자리를 잃지 않는 달걀처럼 글감 중에도 '달걀 같은 존재'가 있다. 일상의 아주 평범한 순간들이다. 그 자체로는 미미하지만 살짝 손대면 한 편의 글이 되는 순간들 말이다. 삶의 기본 재료는 늘 가까이에 있다. 중요한 건 그걸 알아보는 눈이다. 아무런 장식 없이 달걀프라이 하나로 밥 한 끼를 해결할 수 있듯 사소한 장면 하나로도 충분히 글이 완성된다.

두부는 조금 다르다. 담백하고 부드럽지만, 양념을 만나야 제맛을 낸다. 맑은 된장국에 살짝 넣으면 고소함이 배어 나고, 김치와 함께 볶으면 담백함이 감칠맛으로 변한다. 간장에 다진 파와 깨소금을 더하면 밥반찬이 되고, 고추장 양념에 굽기만 해도 훌륭한 메인 요리가 된다. 두부전골, 두부조림, 순두부찌개처럼 양념과 조합에 따라 전혀 다른 얼굴을 보여준다.

글감 중에도 이런 '두부 같은 존재'가 있다. 단독으로는 밋밋하지만, 다른 생각이나 감정과 섞이면 놀랍게도 깊어지는 주제들이다. 예를 들어 '퇴근길 비'라는 단어는 그냥 풍경이지만, 여기에 '기다림'이나 '외로움'을 섞으면 이야기가 생긴다. 글감이란 결국 재료의 조합이다. 두부에 간장을 살짝 더하듯 평범한 기억에 감정을 한 방울 떨어뜨리면 문장은 풍미를 얻는다.

메모장 속 글감은 냉장고 속 식재료와 같다. 어떤 건 신선하고, 어떤 건 이미 시들었을지 모른다. 하지만 그것도 괜찮다. 오래된 글감은 숙성된 맛이 있다. 바로 사용하기보다 며칠 묵혀뒀다 꺼내면 또 다른 이야기가 된다. 글쓰기를 요리로 생각하자. 손에 쥔 재료를 어떻게 다루느냐에 따라 맛이

달라지고, 같은 재료라도 그날의 마음에 따라 전혀 다른 결과물이 나온다.

그러니 "글감이 없다"라는 말은 어쩌면 착각일지 모른다. 냉장고는 이미 꼭 차 있다. 다만, 문을 열지 않았을 뿐이다. 메모장 한 페이지, 사진첩 속 한 장면, 오늘 마음에 남은 한 문장, 그 어느 것도 글이 되지 못할 이유는 없다. 냉장고를 열고 그날의 식탁을 차리듯 키보드를 두드려보자. 일상의 글은 그렇게 만들어진다. 손안의 재료로, 오늘의 나로. 그러니 당장 스마트폰을 열어 오늘 있었던 일 중 딱 한 가지만 골라 짧은 메모를 남기자. 시작이 반이다.

2.
짧은 리뷰가 긴 울림이 되기까지

후기, 후기, 후기, 바야흐로 후기 전성시대다. 극장에 가기 전엔 관람평을 읽고 별점을 확인하며, OTT 플랫폼의 새로운 시리즈는 순위를 확인한 후 시청 여부를 결정한다. 보고 나서는 또 어떨까? 쪼르르 커뮤니티에 달려가 감상평 몇 자를 적고, 다른 이들은 어떻게 느꼈는지 댓글을 기다린다. 영상물 시청은 개인적 행위처럼 보이지만 함께하는 행위이기도 하다. 나 혼자 보지만, 나 혼자 소화하지 않는다. 우리는 개인적 감상이나 취향 여부와는 별개로 같은 작품을 본 이들과의 대화를 기대한다.

비단 영상물에만 국한된 일은 아니다. 사람들은 배달 앱에서 주문할 때 리뷰를 참고하고, 온라인 쇼핑몰은 후기 모으기에 사활을 걸고 있다. 여러분도 아마 식당에서 포털 사이트 리뷰를 작성하고 음료를 제공받은 적이 있을 것이다. 나는 음료를 주겠다는 식당에서 한결같이 부지런을 떨며 후기를 작성하는 편인데, 그 짧은 리뷰 몇 자도 쉽게 술술 써지지 않는다는 것을 경험으로 알고 있다. 그리고 동시에 각자의 주관적 후기를 중요하게 여기면서도, 다른 이들의 후기를 무척 궁금해한다.

내가 귀찮은 리뷰를 굳이 작성하는 이유는 공짜를 좋아하는 성격 탓이다. 공짜라면 한 시간도 줄을 서서 기어이 받아내고야 만다. 그 덕분에 가입한 사이트마다 포인트가 쌓이고, 식사만 주문한 식당에서 무료 음료를 제공받는다. 쌓이는 포인트를 볼 때마다 흐뭇해지는 이유는 그게 항공권 좌석을 업그레이드할 때 유용하다는 꿀팁을 보게 된 후부터다. 성실한 리뷰로 비즈니스석 한번 타보자는 게 내 원대한 꿈이다.

짧은 리뷰를 글로 만들어보자. 음료수 한 캔 받기 위해, 포인트 15점 받기 위해 기꺼이 작성하는 리뷰가 글쓰기의 훌륭한 시작점이 된다. 음료수를 받고 싶은 마음에 적당히 칸을 채웠던 그 마음으로 돌아가자. 내용을 검사하거나 궁금해하는 이도 없다. 그저 쓰기만 하면 눈앞에 음료수가 나타난다. 뭐라도 써야 했던 그때의 용기와 기개에서 다시 출발해보자. 얼떨결에 썼던 짧은 리뷰가 한 편의 근사한 글이 되는 것은 시간문제다.

내가 가장 최근에 방문한 식당에서 리뷰를 작성하고 음료수를 제공받은 날을 한마디로 표현하자면 '다행'이었다. 남편의 몸이 수개월째 너무 좋지 않아 걱정하던 차에 갑상선 이상으로 보이는 여러 증상을 발견한 터였다. 검색창에 보이는 각종 의심 증상은 남편의 최근 모습과 똑같았고, 우리는 둘 다 어느 정도 확신을 가졌던 것 같다. 고등학생인 두 아이를 등교시키고 달려가듯 갑상선 전문 병원으로 향했다.

무거운 마음으로 검사 결과를 기다리는데, 비슷한 상황의 환자들로 대기실의 공기는 어둡게 가라앉아 있었다. 그 공간에 있는 것만으로도 이미 갑상선 관련 진단을 받은 듯한 기분까지 들 정도였다. 우리를 더 두렵게 만든 것은 가까운 곳에 앉아 초조한 표정으로 차례를 기다리는 어느 부부였다. 둘 다 서른쯤 되었을까? 대기실 환자, 보호자를 통틀어 가장 젊었기에 자연스레 시선이 향했다. 이윽고 두 사람이 굳은 표정으로 진료를 마치고 나왔다. 순간, 좋지 않은 소식을 들었는지 아내가 눈물을 터뜨렸다. 훌쩍거리며 수술 날짜를 잡고 돌아가는 그들을 보고 있자니 모든 게 내 일 같았다.

드디어 우리 차례다. 남편이 아까 그 젊은 남편처럼 진단을 받는다면 나도 눈물이 터질까? 아니야, 그럴 리 없어. 그들은 신혼이고, 나는 권태기잖아. 아니지, 지금 중요한 것은 내가 우느냐 아니냐가 아니다. 반갑지 않은 진단을 받으면 앞으로 어떻게 해야 할까? 답답한 마음을 안고 들어간 진료실, 의사가 한없이 가벼운 얼굴로 말했다.

"아무 이상이 없네요. 운동 꾸준히 하시고, 건강검진 주기적으로 받아보세요."

의사의 표정처럼 한없이 가벼워진 우리는 그길로 병원을 나서 식당으로 향했다. 예전에 가본 옆 동네의 작은 식당인데, 한 번 먹어본 후로 그 맛을 잊기 어려워 꼭 다시 가보자고 했던 곳이다. 먹고 싶었던 음식을 아무 근심 없이 즐기기 위해 서둘러 찾아간 그날, 식당에선 리뷰 이벤트가 열리고 있었다. 후다닥 사진 세 장을 찍고, 내가 이 식당을 왜 좋아하는지 간단히 적었다.

평소 잘 먹지 않는 식재료를 다양한 레시피로 맛볼 수 있어 올 때마다 기분이 좋아집니다. 매장의 조용하고 아늑한 분위기도 정말 마음에 들어요.

곧 스프라이트 캔 하나가 우리 테이블에 등장했다. 훗날, 스프라이트 캔을 제공받은 이날의 퍽 기분 좋았던 짧은 리뷰는 소중한 일상에 관한 한 편의 수필로 탄생했다. 중요한 것은 그날 리뷰를 남기지 않았다면 그때의 기분과 생각을 잊고 말았을 거라는 점이다. 짧은 몇 문장을 쓰면서 왜 이 식사가 그토록 기분 좋은지 깨달았고, 리뷰를 쓰기 위해 매장을 휙 돌아보며 사진 몇 장을 찍어둔 덕분에 그날을 오래 기억할 수 있었다. 그리고 그게 마침내 글이 되었다.

리뷰가 글이 되는 과정은 몇 문장에 불과한 짧은 리뷰를 길게 늘려 한 편의 글로 만든다는 의미가 아니다. 아주 작은 기록이라도 마음의 방향을 바꿀 수 있다는 뜻이다. '좋았다' 라는 말 뒤에는 이유가 숨어 있기 마련이다. 왜 좋았는지, 무엇이 달랐는지 그 차이를 생각하는 순간 우리는 이미 글을 쓰고 있는 셈이다. 글은 그렇게 시작된다. 거창한 결심도, 완벽한 첫 문장도 필요 없다. 그저 오늘 마음이 움직인 이유를 한 줄로 남기는 것, 이것이면 충분하다.

리뷰는 일상의 가장 낮은 문턱에 놓인 글쓰기다. 부담 없이 할 수 있고, 누구에게 보여주지 않아도 된다. 하지만 그 안에는 놀랍도록 많은 '나'가 들어 있다. 무엇을 맛있다고 느꼈는지, 어떤 공간을 편안하다고 기억했는지, 그것이 곧 내가 좋아하는 세상의 모습이다. 리뷰를 쓰는 것은 취향을 기록하는 일이고, 취향을 기록하는 것은 곧 나를 알아가는 일이다.

영화를 보거나 책을 읽고 남긴 한 줄짜리 리뷰도 충분히 한 편의 글이 될 수 있다. 중요한 것은 그 한 줄 속에 담긴 '감정의 방향'이다. "재미있었다"라는 단순한 감상보다 "이 영화는 내 안의 오래된 분노를 흔들었다", "이 책을 덮는 순간, 내 마음 한쪽이 조용히 정리되었다" 같은 문장으로 쓰자. 그것이 문학의 시작이다. 짧은 리뷰는 생각을 요약하는 게 아니라, 감정을 응축하는 것이다. 길게 쓰지 않아도 괜찮다. 오히려 한 줄 안에 담긴 절제된 감정이 글의 깊이를 만든다.

방법은 간단하다. 영화나 책을 본 직후, 머릿속을 스치는 이미지를 붙잡으면 된다. 인상 깊었던 장면·문장·대사를 떠올리고, 그때 느낀 감정을 한 문장으로 옮긴다. "마지막 장면에서 흐르던 빛이 아직도 눈에 남아 있다", "주인공이 울 때 내가 했던 지난 선택들이 떠올랐다"와 같이 구체적으로 쓰면 감상이 아닌 '기억'이 된다. 한 줄이라도 그 순간의 온도를 붙잡아두면 나중에 다시 읽을 때 당시의 자신과 대화할 수 있다.

그러니 오늘도 무언가를 먹고, 보고, 다녀왔다면 그 감각을 놓치지 말자. "정말 맛있었다" 대신 "한입 먹는 순간 국물의 온도가 마음까지 번졌다"라고 적어보는 것이다. 그렇게 쓴 한 줄의 문장이 어느 날 그때의 공기와 온도를 고스란히 되살려준다. 일상은 금세 지나가지만, 글은 사라지지 않는다. 짧은 리뷰는 언젠가 긴 이야기가 되고, 그 이야기가 결국 당신의 삶이 된다.

한 줄 리뷰는 기록의 씨앗이다. 나중에 그 문장을 다시 꺼내면 글이 자라난다. 그때의 감정을 조금 더 풀어 쓰거나 그 장면이 떠오른 이유를 곱씹어보면 자연스럽게 하나의 에세이가 된다. 요컨대 한 줄 리뷰는 단순한 짧은 문장이 아니라, 미래의 글을 예고하는 첫 문장이나 다름없다.

3.
대화 속에서 건져 올린 글감 하나

전형적이진 않지만 내향형 인간임이 확실한 나는 모임에 나가 앉아 있는 시간이 부담스럽다. 한 해 한 해 나이를 먹어갈수록 체력도 달리고 불특정 다수의 입에 오르내리는 업의 특성상 입조심, 말조심을 철칙으로 여기며 스스로에게 엄격하게 구는 탓이다.

알고 지내는 사람과 시간을 내어 대화하는 게 그저 즐거움뿐이라면 얼마나 좋을까? 보고 싶어서 만나놓고는 마냥 마음이 편하지는 않으니 문제다. 이런 내가 못마땅하던 시절을 지나, 이게 '나'라는 인간이려니 하고 받아들인 지도 좀 됐다. 그렇게 받아들였다 해도 크게 달라진 것은 없지만 말이다.

이럴 거면 왜 만나나 싶은 마음도 종종 든다. 기껏 힘들게 짬을 내 만난 모임에서 돌아오는 길이면 온갖 생각들로 속이 시끄러울 때가 많아 당황스럽다. 나만 빼고 모두 다 잘나가는 것 같고, 나만 별 볼 일 없이 그저 그런 것 같고, 내 미래만 회색빛으로 암담한가 싶은 기분을 지우기 어렵다. 모임에서 재잘대는 사람들은 어쩜 그렇게 서로의 소식, 건너 건너 건너의 소식까지 밝은지 나만 눈뜬장님 같은 아득함이 들 때도 있다. 대체 사돈의 팔촌 소식까지 알아내는 활력과 능력은 어디에서 지치지도 않고 샘솟는지, 그만한 기력이 없는 나는 꼼짝 못 하고 혀를 내두르고야 만다.

그런데도 기어이 모임에 나가 자리를 지키는 사람이다, 나는. 힘든데 좋다. 이야기를 들으며 맞장구치는 두세 시간이면 후쿠오카 당일치기라도 다녀온 듯 기분과 생각이 새로워지고, 미뤄뒀던 욕실 청소를 해치울 수 있을 듯 없던 활력이 솟아난다. 목소리가 밝아지고 표정은 부드러워진다. 힘들지만 힘들지 않다. 침대에 네발로 기어올라야 할 만큼의 에너지만 남았던 날에도, 종일 글을 붙들고 씨름하느라 노트북 화면과 대치해야 했던 날에도 말이다.

그뿐일까. 그보다 더한 나만의 이유도 있다. 모임 한번 다녀오면 허덕거리며 다음 날까지 몸살을 하는 내가 만남을 기대하고, 약속을 선뜻 잡아버리고, 갑작스러운 회동에도 흔쾌히 시간을 내는 사람으로 서서히 변해가는 이유는 엉큼하게도 '글' 때문이다. 잠깐 만나 밥을 먹고 커피 한잔 마셨을 뿐인데, 어느새 펑펑 내린 함박눈에 놀라듯 수북하게 쌓인 글감을 트렁크에 가득 싣고 돌아온다. 적당히 소란스러운 카페에서 커피와 디저트를 앞에 두고 두서없이 오가는 대화들은 다름 아닌 내가 그토록 찾아 헤매는 글감이다.

정식 인터뷰를 요청한 것도 아니면서 편하게 나눈 수다를 글로 받아 적는 얌체 같은 짓을 하겠다는 의미는 당연히 아니다. 끝내 별 볼 일 없는 글을 쓰는 편이 낫지, 얌체로 살고 싶지는 않다. 얌체가 쓴 글은 매력이 없다. 좋은 글을 쓰려면 좋은 사람이 되는 게 우선이다. 우리는 좋은 사람이 쓴 글을 읽고 싶어 한다. 여럿의 일상이 오가는 자리에서 내가 바쁘게 메모하는 것은 상대의 얘기가 아니라 내 머릿속을 스쳐가는 생각들이다. 혼자 앉아 껌벅거리는 커서를 하염없이 노려볼 땐 꽉 막혀 있던 생각이 대화를 하다 보면 술술 풀리기 시작한다.

지나가듯 몇 마디 툭툭 던지는 게 전부인 가족과의 대화도 오래 묵었던 낡은 생각을 건드리고, 바쁘다는 이유로 한동안 잊고 지내던 추억과 다짐을 용케 소환해낸다. 글을 쓰기 시작하면 평범하기 짝이 없는 일상이 다른 모습으로 거리를 좁혀온다. 스케치만 한 그림에 색색의 물감이 덧입혀지는 듯한 선명함이랄까. 진즉에 끝난 스케치를 깊숙이 넣어둔 채 잊고 지내다, 누군가 필요하면 쓰라고 건넨 색연필 한 세트를 쥐고 색을 좀 칠해볼까 싶은 새로운 마음이기도 하다.

그래서 난 부지런히 메모한다. 건너편에 앉은 사람의 눈에는 한참 얘기를 듣다 말고 누구와 연락을 하는지 궁금하겠지만, 나는 머리를 스친 생각이 날아가버릴까 마음이 급하다. 그토록 다급하게 처리할 연락은 없다. 그리 급한 사안은 대부분 전화로 걸려오지, 채팅 창에서 멍하니 나를 기다리진 않는다. 메모는 나만 간신히 알아볼 만큼 간략하다. 엉망이다. 그래도 나만 알아볼 정도면 된다. 메모도 할수록 숙달되어 머리에 스친 생각 하나를 옮겨 적는 데 10초면 충분하다.

사람이 사람을 만나 나누는 대화 내용은 당사자들의 일상에 침입한 걱정거리인 경우가 대부분이다. 그렇기에 남들은 뭘 그리 걱정하며 사는지 바로 알 수 있다. 그렇다고 내게 걱정이 없다는 얘기는 아니다. 설마 그럴 리가 없다. 내 걱정도 질세라 슬그머니 내놓으며 그 크기를 측정해본다. 나에겐 전혀 문제가 되지 않는 어떤 고민을 끌어안고 끙끙대며 힘들어하는 친구를 위로하기도 하고, 내 걱정의 무게가 생각보다 무겁지 않다는 사실을 확인하기도 한다.

대화는 어쨌거나 즐겁다. 신경을 건드리고, 비위를 건드리는 말이 오가는 순간도 종종 있지만 말이다. 보고 싶어서, 좋아서 만난 사람끼리의 대화는 대부분 웃음이 끊이지 않는다. 그 순간을 놓치지 않기 위한 노력도 빠질 수 없다. 내 경우 소리 내어 웃을 만한 일은 누군가를 만나야 생긴다. 그래서 그 순간이 귀하다. 그런 순간은 글로 옮겨도 쓸 만하다. 혼자 웃은 게 아니고, 한둘이 웃은 것도 아니다. 여럿이 함께 웃은 순간이기에 더욱 귀하다. 글이 되었을 때도 불특정 다수의 독자에게 웃음을 줄 가능성이 높다.

물론 즐거웠던 순간, 웃었던 순간만 글이 되는 것은 아니다. 아슬아슬한 갈등의 순간도 더없이 훌륭한 글감이다. 물론 대놓고 멱살을 잡는 갈등은 여태 겪은 적이 없다. 하지만 서로의 의견이 달라 설전이 오가는 경우는 더러 있다. 혹은 누군가와의 갈등을 폭로하는 무용담도 훌륭한 글감이다. 갈등이 글감이 되기에 적절한 이유는 모두가 동의하는 보편적 가치가 아닌, 각자의 가치관에 따라 생각이 다를 수 있는 문제를 발견할 기회를 주기 때문이다. 예를 들어 사람을 죽일지 말지 논쟁을 벌이는 바보는 없지만, 빌린 돈으로 떠나는 해외여행에 대해서는 생각이 날카롭게 맞설 수 있다. 그 자리에서 설전을 벌이는 대신 그 주제에 관해 글을 쓰면, 그것은 나만의 고유한 주장이 된다.

뭐니 뭐니 해도 최고는 친구들과의 대화다. 친구의 미덕은 모름지기 나이를 잊게 해준다는 데 있다. 연장자를 만나면 내 나이가 아직 얼마나 시퍼렇게 젊은지 실감하고, 까마득한 후배를 만나면 '너도 나이 먹어봐' 하는 마음이 자연스레 든다. 하지만 친구들하고는 그렇지 않다. 어쩔 수 없이 대화가 순식간에 엉망진창, 난장판이 되어버린다. 그래서 친구들과의 만남이 여전히 설레고, 결판지게 수다를 떨고 돌아오는 길이면 새로운 희망이 솟는다.

오랜 친구와의 대화가 기대되는 이유는 집 밖에서 선뜻 꺼내기 힘들었던 속 얘기를 하는 나를 발견할 수 있기 때문이다. 말을 아껴야 하는 직업을 가졌지만, 오래된 친구들 앞에서는 무장해제된다. 가족에게도 해본 적 없는 얘기를 툭 꺼내놓는 나를 발견하고는 놀랄 때가 있다.

어떤 생각은 말로 꺼내고 나서야 모습을 드러내는데, 내가 가장 기다리는 순간이 바로 이때다. 최고의 글감은 내 안에 있다. 책상에 앉아 씨름할 땐 내 안에 있는 줄 모르던 생경하기 짝이 없는 어떤 생각이 허물없는 친구들과의 대화에서 툭 튀어나오는 것이다. 지난 몇 개월 동안 내가 왜 불안했는지, 요즘은 왜 별일 없이도 편안하고 살 만한지 문득 깨닫는 순간이다.

그런 면에서 보면 부모님과의 대화 또한 근사한 글감이 되기에 안성맞춤이다. 이 두 어른의 압도적인 차별점은 나를 사랑하는 크기와 깊이 면에서 1, 2위를 다툰다는 점이다. 나를 친구, 지인, 부모, 그냥 아는 엄마로 여기고 대하는 이들과는 차원이 다른 소재가 쏟아져 나온다.

여기까지 읽고 내 부모님이 내게 더없는 사랑 표현을 하거나 내 삶을 끝없이 축복한다고 오해하지 않기를 바란다. 나의 부모님 역시 대부분 부모가 그렇듯 적당한 기대와 실망을 적당한 수준에서 표현하는 게 고작이다. 그럼에도 내가 두 분과의 대화에 주목하는 이유는 이들이 하는 그 어떤 말도 목적이 분명하기 때문이다. 그들은 오직 내가 잘되기만을 간절히 바란다. 그런 마음으로 건네는 대화는 곱씹을 시간을 요구하고, 곱씹다 보면 잘 살고 싶어진다. 그 간절한 다짐이 글에 녹아든다.

난 아무것도 쓰지 않고 그냥 살아왔던 시간도 소중하다고 말하고 싶어요.

뒤늦게 글쓰기를 시작해 마음만 바빴던 나를 위로해준 박완서 작가님의 문장이다. 이왕 쓰는 거 잘 쓰고 싶다는 생각이 들기 시작하면, 지금까지 긴긴 세월을 허공에 날려버리고 살아온 듯한 조급함과 아쉬움이 든다. 그럴 때마다 나는 이 문장을 되새긴다. 숙제 같은 원고 작업을 미룬 채 카페에서 친구를 기다리다 보면 내가 지금 뭘 하나 싶을 때가 있다. 하지만 그런 시간이 없다면 내 글은 탁상공론에 지나지 않을 것이다. 빽빽하게 채워놓기만 했을 뿐 아무런 위로도, 공감도, 재미도, 감동도 주지 못할 것이다.

4.
글을 시작하게 만드는 귀찮은 질문

"소설을 쓸 거야."

"어떤 느낌의 소설인데?"

"천명관 작가님의 《고령화 가족》 같은 느낌."

"왜 쓰는 거야?"

"써서 판권 수출하고, 영상화 계약해서 떼돈 벌 거야."

"그렇게 되기만 하면 소설 한 편 써서 떼돈 버는 게 가능
해?"

"사례가 없진 않아. 너무 드물다는 게 문제지."

"판권 수출과 영상화된 소설이 어떤 게 있어?"

남편과 나의 대화다.

겁도 없이 너무 야심 찼던 내 탓이겠지만, 소설 한번 써보

고 싶다는데, 뭐 이렇게 질문을 끝도 없이 해댈까? 아이가 꺼낸 계획, 다짐, 별 뜻 없는 말에 질문을 덧붙이던 나를 반성한다. 이런 질문에 다 대답해야만 소설을 쓸 수 있다면 안 쓰고 말겠다. "소설 쓴다고 커피가 나오겠냐, 아이패드가 나오겠냐?"라는 비아냥까지 들으며 대화를 마쳤는데, 신기했다. 잠깐이지만 질문과 대답이 이어졌던 그 순간이 소설로 변하는 중이다.

막연히 소설을 쓰고 싶다는 생각뿐이던 나는 남편의 질문 세례에 흠 잡히지 않을 만큼 적당히 근사한 답을 내놓기 위해 머리를 굴렸다. 그러는 사이 둥둥 떠다니던 내 안의 고민이 정리되었다. 한번도 생각해보지 못한 주제에 관한 새로운 고민도 시작했다. 혼자 궁리하며 찬란한 꿈을 꿀 때는 손에 잡히지 않던 막연한 희망과 다짐이 비로소 눈에 보였다. 대답하기 귀찮고 곤란해 피하고 싶었던 질문이 나침반이 되었고 또 글감이 되었다.

"왜 그렇게 했어?", "왜 그렇게 생각해?" 당신이 '왜'로 시작하는 다소 공격적인 질문을 받았다면 감사할 일이다. 상대는 당신이 왜 그런 행동을 했는지, 왜 그렇게 생각하는지 궁금한 것이다. "나도 다 생각이 있어서 그렇게 한 거야"라고 받아치고 싶어도 그 순간을 소중히 여기자. 결코 놓치지 말자. 상대가 내게 던진 "왜"라는 질문에 대한 답은 그 자체로 훌륭한 글감이다. 주변 사람 누구나 이해할 만한 행동, 수긍할 만한 말이었다면 애초에 그런 질문을 받지 않았을 것이다. 나로서는 충분한 이유가 있어서 그렇게 행동하고 그렇게 말했는데, 그걸 궁금해하며 질문까지 던졌다면 상대가 이해하지 못하는 지점, 궁금해할 내용이 있다는 얘기다. 그에 대한 대답은 한 편의 훌륭한 글이 되기에 충분하다.

도대체 왜 이런 게 궁금할까 싶은 귀찮은 질문을 만날 때가 종종 있다. 많은 경우 어린이의 입에서 이런 질문이 나오는데, 귀찮아 죽을 것 같아도 주워 담자. 이런 식의 질문이 번거로운 이유는 마땅한 답을 찾기 어려울 때가 많기 때문이다. 예를 들면 "왜 하늘은 파란색이에요?", "잠은 왜 꼭 자야 해요?", "바람은 어디서 와요?" 같은 질문이다. 어른 입장에서야 그럴싸한 과학 원리를 읊어줄 수 있지만 그 순간에는 답을 꺼내기가 쉽지 않다. 귀찮음에 밀려 그냥 흘려보낼 수도 있다. 하지만 나라면 절대 하지 않았을, 그 엉뚱한 질문을 적어두는 것만으로도 의미 있는 시작이 가능하다.

어린이의 천진한 질문을 그럴듯해 보이는 글로 옮길 땐 그 질문을 약간 변형해 제목으로 써보자. "잠은 왜 꼭 자야 해요?" 이 질문을 듣고 이런 식의 제목을 지을 수 있다. '밤을 꼴딱 새운 다음 날의 나 관찰기', '졸음을 참으며 버텨본 하루', '수업 시간에 꾸벅꾸벅 졸다 생긴 일'… 제법 그럴듯한 제목이다. 아이는 이렇게 일상을 새로운 시선으로 바라보게 만드는 고마운 존재다. 이런 식으로 질문을 제목 삼아 글을 시작하면 일상이 이야기로 살아나고, 글은 더없이 자연스러운 호흡을 얻는다.

질문을 가장한 요청 또는 요구 때문에 벌어진 일에 관한 나의 반응도 글쓰기의 소재로 더없이 훌륭하다. 어젯밤, 고등학생인 아들이 "혹시 떡볶이 떡이 남았어요?"라는 질문을 했다. 이것은 질문일까, 요청일까? 오밤중에 떡볶이 떡을 찾는 아들에게 떡을 다 먹어서 하나도 없다고 한 것은 대답일까, 거절일까?

아쉬운 표정을 지으며 방으로 돌아가는 아들의 모습을 보며 떡볶이를 해주었던 그동안의 세월이 머릿속을 스친다. 그리고 엄마인 내가 아들을 사랑하는 방식 중 하나가 떡볶이였음을 깨닫는다. 그날 난 떡볶이에 관한 글, 그러니까 떡

볶이를 통해 드러나는 모성애에 관한 글을 뚝딱 쓰기 시작
했다.

질문을 가장한 요청을 보내는 상대는 내가 그 요청을 능
히 받아줄 수 있는 사람이라고 전제한다. 그렇기 때문에 내
가 그에게 어떤 존재인지를 되짚게 만든다. 그래서 그때 쓴
글은 나라는 사람의 성향 또는 특징에 관한 글이 될 수도 있
고, 상대와 나의 관계에 관한 글이 될 수도 있다. 내가 기꺼
이 해줄 수 있고, 잘하는 일에 관한 글도 얼마든지 가능하
다. 냉동실에 떡이 있냐고 지나가듯 던진 질문 하나가 나라
는 사람을 담아내는 글이 된다는 게 놀랍지 않은가? 글은
그런 것이다.

주목할 만한 지점은 질문을 한 상대가 아니다. 그 질문,
즉 그 요청을 받은 나의 내적 변화에 주목해야 한다. 그 질
문이 고마웠을 수도, 불쾌했을 수도, 부담스러웠을 수도, 나
를 놀라게 했을 수도 있다. 그것은 그 질문의 특별한 의도라
기보다 나의 심리적 상황에 따른 자연스러운 반응일 가능
성이 높다. 질문을 가장한 요청을 받아줄 수 '있다' 또는 '없
다' 정도로 흘려버리지 말아야 하는 이유다. 답은 내 안에
있다. 그리고 그 답은 기꺼이 글이 되어준다.

누군가의 질문은 때로 내가 피하고 싶은 주제를 불러내기도 한다. 내 안에 샘솟는 이야기로 글의 분량을 늘리다 보면 한 가지 함정에 빠지기 쉽다. 흔쾌히 쓸 수 있고, 자유롭게 써도 걸릴 것이 없으며, 당당하고 적당히 근사해 보이는 주제만을 고르게 되는 것이다. 마음 편하고 걸릴 것 없는 소재를 앞에 두고 있을 때 편안함을 느끼는 게 당연하다. 하지만 일상이 그런 일뿐이라면 얼마나 좋을까? 찜찜한 일 아홉에 하나 정도가 간신히 개운한 게 일상이다. 찜찜한 일을 들춰내 깊이 고민하고 파고들어봤자 좋을 게 없으니 적당히 덮어두는 편을 택하는 게 우리의 평범한 모습이다. 그렇다 보니 타격감 없는 그럴듯한 소재에 머물며 쓸 게 도통 없다고 한탄한다.

그런 우리를 건드리는 질문이 있다. 덮어두려고 했던 일을 굳이 꺼내 심기를 불편하게 만들어야 직성이 풀리는 고약한 질문이다. 지난주에 방광염으로 몸이 불편해 비뇨기과 전문의를 만났다. 2주 전에도 비슷한 증상이 있었는데, 한밤중에 혈뇨를 쏟는 나를 받아주는 응급실은 없었다. 천만다행으로 근처 의원에서 항생제 주사를 맞고 약을 처방받아 급하게 수습을 했는데, 비뇨기과 전문의가 그런 내게 질책하는 듯한 질문을 던졌다.

"왜 전문의한테 진료를 안 받았어요?"

질문을 가장한 지적이었다.

그제야 24시간 운영하는 비뇨기과가 있다는 사실을 알면서도 가까운 의원을 택했던 이유를 들여다보았다. 왜 그랬을까? 방광염을 우습게 보기도 했고, 한밤중에 남편을 의지해 30분 넘는 그곳까지 가고 싶지 않기도 했다. 내가 어떤 이유로 어떤 선택을 하는 사람인지를 깨닫게 하는 질문이었다. 질책성 질문에 반성문 느낌의 초라한 답변을 내놓으면서 면역력이 형편없어진 근래의 내 생활을 되돌아보았다. 물론 그 모든 순간과 생각은 글이 되기에 충분했다.

그뿐일까? 질책성 진료를 받고 전문의 진료의 필요성을 절감하며 돌아오는 길에 남편이 물었다.

"만약에 지금 여기가 미국이었다면, 우린 어떤 선택을 했을까?"

그 질문 앞에서 나는 잠시 걸음을 멈췄다. 아마 미국이었다면, 응급실에 들어서는 순간부터 감당하기 힘든 진료비와 보험 문제를 먼저 떠올렸을 것이다. 그래서 더 오래 참았거나, 아예 병원을 찾지 않았을지도 모른다.

같은 상황이더라도 나라와 제도에 따라 선택은 달라지고, 그 선택은 곧 삶의 방식이 된다. 남편의 물음은 단순한 가정이 아니라, 우리가 지금 어디에 서 있고 어떤 시스템 속에서 살아가고 있는지를 돌아보게 해주었다. 그 덕분에 불편한 경험은 잠시의 고통으로 끝나지 않았고, 나를 둘러싼 사회와 삶의 조건까지 성찰하게 하는 그럴싸한 글감으로 이어졌다. 이쯤 되면 방광염에 고마워해야 할지도 모르겠다.

5

누군가의 문장은 나의 글이 된다

책 속 문장은 세상에서 가장 조용한 위로를 건넨다. 우리는 책을 읽으며 누군가의 생각 속으로 들어가지만, 동시에 내 안의 세계를 탐색하기도 한다. 책 속 문장을 그대로 옮겨 적는 것만으로도 글쓰기의 첫 시작이 된다. 예컨대 "이 문장을 읽자 떠오른 내 하루의 장면은…"으로 시작하는 식이다. 독서 중 마음에 남은 문장에 밑줄 긋는 습관을 들이는 것도 좋다. 하지만 밑줄을 긋는 데서 멈추지 말고, 왜 그 문장에 마음이 머물렀는지 적는 게 중요하다. 그 이유를 쓰는 순간 독서는 생각으로, 생각은 글로 변한다.

예를 들어 《어린 왕자》의 "가장 중요한 것은 눈에 보이지 않아"라는 문장을 읽고, 눈에 보이지 않지만 소중한 오늘의 관계나 감정을 떠올릴 수 있다.《데미안》의 "새는 알을 깨고 나온다"라는 문장을 읽고, 요즘 내가 부딪히는 변화에 대해 이야기할 수도 있다. 이렇게 문장은 언제나 나의 일상으로 통한다.

책을 읽는다는 것은 타인의 언어를 내 삶에 들이는 일이다. 그리고 글을 쓴다는 것은 그 언어를 다시 나의 목소리로 되돌려주는 일이다. 좋은 독서는 좋은 글쓰기의 밑거름이다. 하루의 루틴으로 '문장으로 하루 열기, 문장으로 하루 닫기'를 권한다. 아침에 한 문장을 읽고, 밤에 그 문장을 되짚으며 하루를 기록하는 것이다. 이렇게 하면 읽기와 쓰기가 한 호흡으로 이어진다.

영화와 드라마의 명대사는 그 자체로 고마운 글감이다. 대사는 듣자마자 마음에 박힌다. 장면과 표정, 음악이 함께 얹혀 있기 때문이다. 영화나 드라마 속 대사는 현실을 조금 더 압축된 언어로 보여준다. "괜찮아. 잘하고 있어", "이게 인생이야"와 같은 짧지만 강렬한 말들이 하루 종일 머릿속을 맴돈다. 이럴 때 스스로에게 '왜 이 대사가 내게 남았을까?' 물어보면 그게 글이 된다.

드라마 속 인물이 울 때 따라 울었던 이유는 그 상황이 나의 경험과 비슷하기 때문이다. 감정이 움직였던 장면을 떠올리고, 그 감정이 내 삶에서 언제 나타났는지 써보자. 예를 들어 영화 〈인턴〉에 "경험에는 유통기한이 없어요"라는 대사가 나온다. 이 대사를 듣고, 내가 잠시 멈춰 있던 시간에도 나름 의미가 있었다는 사실을 적을 수 있다. 대사는 누군가의 말이지만, 글로 옮길 때는 내 고백이 된다.

또한 영화나 드라마 속 장면을 '나의 하루'로 치환해보는 것도 좋다. 주인공이 넘어진 장면을 '나의 실패'로, 용기를 낸 장면을 '나의 변화'로 바꾸는 식이다. 이렇게 하면 이야기가 생동하고, 문장에 생명이 붙는다. 대사는 우리의 일상 언어와 닮아 있다. 어렵게 쓰려 하지 말고, 마음에 남은 대사 한 줄에서 시작하자. '오늘 내가 가장 공감한 대사'를 적는 습관은 감정의 감도를 높여주고, 자연스럽게 글로 이어진다.

명언에서 출발하는 글쓰기도 흥미롭다. 명언은 세월을 견뎌낸 문장이다. 수많은 시대와 사람을 거치며 검증된 지혜가 그 안에 담겨 있다. 그러나 그 문장을 그대로 외우는 것보다 중요한 것은 지금의 나에게 어떻게 와닿는지 해석하는 일이다. 예를 들어 아리스토텔레스의 "행복은 습관이다"

라는 문장을 읽고, 오늘 하루 내가 어떤 습관으로 살았는지, 그리고 행복하다고 느낀 순간들이 어떻게 만들어졌는지 생각해보는 것이다. 명언을 단단한 지식으로만 두지 말고 나의 하루에 맞게 다시 써보자.

짧은 문장은 글의 문을 여는 좋은 장치가 된다. 인용으로 시작하고, 나의 해석과 경험으로 마무리하면 글의 구조가 자연스럽게 완성된다. 어떤 문장을 내 방식대로 다시 써보는 연습을 하는 것이다. 이것이 바로 '문장 리사이클링 글쓰기'다. 문장을 그대로 옮기지 않고, 내 언어로 재구성하는 과정이다. '지금 이 문장이 내 삶에서 어떻게 들릴까?'와 같은 질문을 던지면 문장이 현재의 시간 속으로 들어온다. 과거의 지혜가 나의 오늘을 비춰주는 순간이다.

요즘은 예능이나 유튜브에서도 놀라운 문장이 쏟아진다. 때로는 웃음을 터뜨리게 하는 말 한마디가, 때로는 진심 어린 위로가 우리 마음에 오래 남는다. "오늘 하루도 버티느라 수고했어요", "완벽하지 않아도 괜찮아요"라는 말이 큰 위로를 준다. 이런 문장은 '시대의 언어'다. 현실의 피로와 감정을 솔직하게 담고 있다.

예능에서 들은 짧은 한마디를 내 글의 첫 줄로 바꿔보자.

예를 들어 어떤 예능에서 "어른도 혼나기 싫어요"라는 말을 들었다면, 그 문장으로 시작해 어른으로서 느끼는 압박감이나 일터의 긴장감을 풀어내자. 일상 속 대중 언어는 가볍지만, 진심으로 옮기면 깊은 이야기가 된다. 이런 글쓰기의 장점은 '가벼움에서 진지함으로 이동하는 힘'에 있다. 가벼운 웃음으로 시작해 마음속 이야기를 꺼내는 것이다. 짧은 대사를 인용하고, 그 말이 내 하루의 장면과 어떻게 맞닿았는지를 써본다.

타인의 문장을 내 문장으로 만드는 과정은 연습이 필요하다. 인용은 흉내가 아니라 대화다. 타인의 문장을 그대로 베껴 적는 것은 복사지만, 내 경험과 생각으로 재구성하는 것은 창조다. 글은 그 대화의 결과물이다. 읽기 → 공감 → 해석 → 재구성 → 쓰기의 흐름을 따라가면, 타인의 문장이 내 문장으로 변하기 시작한다. 한 문장이 마음을 흔들 때, 그 문장을 내 안에서 다시 살아 움직이게 하는 것이 글쓰기의 본질이다.

SNS나 뉴스, 블로그 등에서 우연히 마주친 문장에도 글의 씨앗이 숨어 있다. 짧은 한 줄이지만, 이상하게 마음이 머물고 다시 읽게 되는 문장이 있다. 문장이 나에게 말을 걸

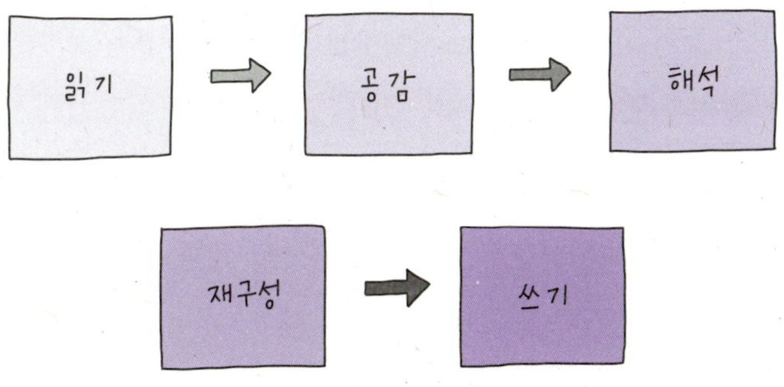

고 있는 셈이다. 누군가의 언어가 내 마음을 흔들었다면, 그 순간부터 그 문장은 내 것이다. 그 문장을 단서 삼아 내 삶의 장면을 불러내자. 그 말이 왜 마음에 남았는지, 내 경험과 어떤 부분이 닮아 있는지 써본다. 그렇게 하면 스쳐 지나갈 뻔한 문장이 내 언어로 다시 되살아난다.

이 과정을 거치며 우리는 자신이 어떤 가치관을 지녔는지를 이해하게 된다. 어떤 문장에 끌리고, 어떤 문장을 거부하는지 깨닫는다. 그게 곧 나의 세계관이다. 글쓰기는 그 세계를 알아가는 과정이다.

또한 문장은 관계의 씨앗이다. 누군가의 문장이 나의 글이 되고, 나의 문장이 또 다른 누군가의 문장이 되기 때문이다. 그렇게 언어는 옮겨 다니며, 서로의 마음에 불씨를 남긴다. 이것이 글쓰기가 지닌 가장 아름다운 순환이다.

그러니 문장을 수집하라. 그리고 그 문장을 너그럽게 다시 써라. 세상의 모든 문장은 누군가의 마음에서 태어났고, 그 마음이 또 다른 마음으로 건너갈 때 새로운 글이 된다. 타인의 문장을 사랑하는 일은 곧 나를 더 깊이 이해하는 일이다.

일상 속 좋은 문장은 의도적으로 찾아 나서기보다 우연히 마주칠 때 더 깊이 남는다. 책이나 영화, 예능, SNS를 보다가 마음이 멈추는 순간이 있다면 그 문장을 붙잡아두자. 그저 감탄하며 지나치면 이내 사라지고, 남기면 글로 자라난다. 다른 사람의 문장은 나를 이해하는 단서이자, 내일의 글감을 저장하는 창고다.

가장 쉬운 방법은 '문장 수집 노트'를 만드는 것이다. 노트나 메모 앱에 마음에 와닿은 문장을 그대로 옮겨 적고, 그 옆에 간단한 메모를 덧붙인다. "이 문장을 읽었을 때 떠오른 장면은?", "이 말이 왜 내게 위로가 되었을까?"와 같은 짧은 생각을 남겨두면 그 문장은 이미 나의 일부가 되어 있다. 그리고 시간이 지나 다시 읽으면 그때의 감정이 되살아나고, 새로운 글의 출발점으로 삼을 수 있다.

‘오늘의 문장 + 오늘의 나’를 기록하는 것도 좋은 방법이다. 하루 동안 마음에 남은 문장을 적고, 그 문장이 내 삶 속 어떤 장면과 이어졌는지를 짧게 써본다. 세 줄이면 충분하다. 그렇게 쌓인 문장은 언젠가 한 편의 글로 이어지고, 그 글은 다시 누군가의 마음을 움직인다.

6

기사에서 출발해 세상과 연결되기

아침마다 우리는 무심히 뉴스를 스쳐 읽는다. 어떤 기사는 놀라움을 주고, 어떤 기사는 분노를 일으킨다. 그러나 대부분 감정은 잠깐 느낄 뿐 곧 다른 소식으로 넘어간다. 이것 말고도 호기심을 자극하는 기사가 널렸기 때문이다. 두 편 중 어떤 기사를 먼저 클릭할까를 놓고 고민한 적이 있을 것이다. 궁금하다, 정말. 막상 읽어보면 이것도 뉴스라고 썼냐는 생각이 울컥 올라오는 일도 없지 않지만, 대부분 내가 몰랐을 뻔한 세상 소식이다. 이런 것도 있네? 이런 일도 있구나! 세상에 이런 사람이 있다고? 신기한 마음을 누르며 다음 기사를 클릭한다.

글쓰기를 결심했다면 기자들의 성실함을 활용하자. 읽는

것으로 끝내지 말고, 기사에서 출발한 글쓰기를 시도하자. "왜 나는 이 기사에 마음이 머물렀을까?"라는 물음이 바로 글의 출발점이다.

기사 속 사건은 사실을 전달하는 데 목적이 있지만, 글쓰기는 그 사실을 통해 '나'를 드러내는 일이다. 같은 뉴스를 보아도 각자의 삶에 따라 다르게 읽힌다. 어떤 이는 기후 위기 기사를 읽고 자녀의 미래를 떠올리는가 하면, 어떤 이는 출근길 미세먼지에 숨이 막혔던 기억을 소환한다. 똑같은 기사 한 편을 두고 감정과 생각의 방향이 다르다는 것은 각자가 쓰게 될 글의 방향도 다르다는 의미다.

뉴스를 글감으로 삼을 때 가장 먼저 해야 할 일은 '거리 좁히기'다. 나와 상관없어 보이는 사회적 이슈라도 한 걸음만 다가가면 이야기가 생긴다. 멀게만 느껴지는 전쟁 기사에서도 내가 사랑하는 사람을 잃는다면 어떤 기분일지 생각하고, 경제 뉴스의 통계에서도 우리 집의 소비 습관은 어떤지 되돌아볼 수 있다.

사건은 세상의 것이지만, 감정은 나의 것이다. 글쓰기는 정보를 나열하는 것이 아니라, 의미를 재구성하는 것이다. 단순히 무슨 일이 있었는지를 적는 게 아니라, 그 일에 대해 나는 어떤 생각을 하는지 묻는 것이다. "오늘 뉴스에서 가장 마음에 남은 한 줄은 무엇이었나?", "그 문장을 읽으며 왜 멈췄나?"와 같은 질문이 쌓일수록 글은 나와 가까워진다.

기사에서 시작한 글쓰기는 단순한 글감 찾기가 아니다. 그것은 세상과 대화하려는 시도다. 뉴스를 읽으며 분노하고, 슬퍼하고, 공감하는 감정 자체가 글쓰기의 재료다. 세상에서 일어나는 일에 무감각해지지 않으려는 태도, 그것이 바로 좋은 글의 출발점이다.

글쓰기를 꾸준히 하는 사람은 뉴스를 다르게 읽는다. 사건의 표면보다 그 안에 숨은 인간의 이야기를 본다. "저 사람은 왜 그런 선택을 했을까?"와 같은 질문을 던지고, 그 대답을 찾는 과정이 곧 글이 된다. 이렇게 쓴 글은 정보보다 오래간다. 한때의 뉴스는 이내 잊히지만, 그 뉴스를 통해 느낀 내 감정과 생각은 오래 남는다.

기사에서 시작하는 글쓰기는 세상과 나를 연결하는 다리다. 사회적 사건이 개인의 언어로 번역될 때 글은 생명을 얻는다. 한 줄의 기사 속에서 나만의 감정, 생각, 가치관을 발견할 수 있다면 그 순간 이미 글쓰기는 시작된 것이다.

기사는 객관성을 생명으로 삼는다. 기자는 사실을 전달하기 위해 감정을 절제하고, 중립적 어조를 유지한다. 그러나 우리가 하려는 글쓰기는 그 객관의 틀을 벗어나 '나만의 시선'을 더하는 과정이다. 같은 사실이라도 누가 어떤 감정으로 바라보느냐에 따라 전혀 다른 이야기가 된다. 예를 들어 학교 급식실에서 일회용품 사용이 늘고 있다는 기사를 봤다고 하자. 누군가는 환경문제를 생각하고, 누군가는 급식실 노동자의 현실을 떠올리고, 또 다른 누군가는 자신의 도시락 추억을 소환한다. 글쓰기란 이처럼 객관적 사건을 나의 삶으로 끌어오는 일이다. 기사와 나 사이에 다리를 놓는 순간, 세상은 훨씬 가깝게 다가온다.

이 과정을 겪으며 독자는 '나의 시선'을 만난다. 객관적 사실은 누구나 읽을 수 있지만, 그 사실을 통해 무엇을 느꼈는지는 오직 나만 쓸 수 있다. 뉴스가 전달하지 못한 뒷이야기, 그 사건이 나에게 던진 여운을 풀어내는 것이 진짜 글쓰기다.

그래서 기사에서 출발한 글을 쓸 때 가장 좋은 글감은 '작은 의문'에서 나온다. "이건 왜 이런 걸까?", "나는 왜 이런 기분이 들었을까?"와 같은 질문은 객관에서 주관으로 넘어가는 관문이다. 그 관문을 통과하는 순간, 세상 이야기가 내 이야기로 바뀐다. 이처럼 기사에서 출발한 글쓰기는 단순한 의견문이 아니라, 감정과 사고의 확장이다. 세상을 바라보는 나의 렌즈를 닦고, 삶을 비추는 각도를 새롭게 하는 일이다. 글은 세상을 바꾸지 못하더라도 나를 바꾸는 힘을 가진다.

기사에서 출발해 글을 쓸 때는 단계를 정하는 게 도움이 된다. 첫 번째는 '마음이 머문 문장'을 찾아 밑줄을 긋는 것이다. 어떤 문장을 읽었을 때 가슴이 철렁하거나, 불편하거나, 위로받았다면 그 이유를 적어본다. 감정의 움직임을 일으킨 지점이 바로 글의 단서다.

두 번째는 왜 그 문장에서 멈췄는지 되묻는 것이다. 내 경험이나 가치관, 혹은 과거의 기억과 맞닿아 있지는 않은지 생각해보자. 예를 들어 학생 자살률이 증가하고 있다는 기사를 보고 마음이 무거워졌다면, 나 역시 학창 시절 그런 감정을 느낀 적이 있는지 떠올려본다. 자기 경험과 사회 현상을 연결하는 것이 글의 시작이다.

세 번째는 나만의 결론으로 이어가는 것이다. 단순한 요약으로 그치지 말고, 그 현상에 대한 내 생각과 작은 실천을 덧붙인다. "이 문제를 바꾸기 위해 나는 어떤 행동을 할 수 있을까?", "우리 동네, 우리 가족 안에서는 이 문제를 어떻게 바라볼까?"와 같은 질문이 글의 결론을 만들어준다.

　또 한 가지 방법은 '기사의 확장판'을 상상하는 것이다. 뉴스에 등장하지 않은 사람들의 이야기를 덧붙여보자. 예를 들어 편의점 알바생 폭언 피해 관련 기사라면, 그 알바생이 퇴근 후 어떤 마음으로 집에 돌아갔을지, 다음 날 근무할 때 어떤 기분이었을지 써본다. 그렇게 하면 글이 더 생생해지고, 나의 공감 능력 또한 자란다. 이 과정을 반복하면 세상의 소식이 단순한 정보가 아니라 사유의 재료로 변한다. 기사 한 줄이 나의 하루를 흔들고, 나의 문장을 낳는다. 결국 글쓰기는 '정보 소비자'에서 '생각 생산자'로 성장하는 과정이다.

　기사는 세상의 창이다. 그 창을 통해 우리는 멀리 있는 세계를 본다. 하지만 창밖의 풍경을 바라보는 것에 그치면 세상은 여전히 남의 일일 뿐이다. 글쓰기는 그 창을 활짝 열고 바깥바람을 내 안으로 들이는 일이다. 세상 이야기를 내 언어로 옮겨오면 세상은 내 이야기가 된다. 뉴스를 읽고 "요즘 세상 참 각박하다"로 끝나는 사람이 있고, "그러면 나는 어떻게 살아야 할까?"로 시작하는 사람도 있다. 두 번째 질문이 바로 글쓰기의 출발점이다. 기사는 관찰의 재료고, 글쓰기는 반응의 기술이다. 세상을 관찰하되, 그 안에서 나를 찾아내는 일이 중요하다.

세상의 문제를 비판하는 데서 그치지 말고, 그것이 내 삶과 어떤 연결점이 있는지 기록해보자. 기후 위기 기사라면 나의 소비 습관을 돌아보고, 세대 갈등 기사라면 가족과의 대화를 떠올려보자. 사회 문제를 나의 언어로 번역할 때 글은 현실에 뿌리를 내린다. 또한 글쓰기의 시야를 넓히는 확장력으로 이어진다. 다양한 관점을 접하며 내 생각의 근육이 단단해진다. 나와 상관없다고 여기던 이슈가 어느새 나의 문장 속으로 들어온다. 세상에 대한 관심이 글의 깊이를 좌우한다.

결국 기사에서 출발하는 일상 글쓰기는 '세상 속의 나'를 발견하는 과정이다. 한 시민으로, 한 인간으로 내가 어떤 태도로 세상을 바라보는지 확인하는 일이다. 세상을 관찰하며 쓰는 글은 나를 단단하게 하고, 동시에 세상과의 연결을 더 깊게 만들어준다. 세상과의 연결은 언제나 문장으로 완성된다. 기사 한 줄에서 시작해 내 하루를 돌아보고, 내 감정을 기록하며, 내 이야기를 세상에 돌려주는 일, 이게 바로 기사에서 출발하는, 우리가 해야 하는 글쓰기다.

문장을 빚는 기술
– 어떻게 쓸까

1.
장황하지 않고 담백하게

2024년 가을을 잊지 못한다. 한강 작가의 노벨 문학상 수상이 대한민국을 놀라게 했다. 《채식주의자》의 첫 문장을 읽는 순간, 그녀가 지닌 필력의 내공이 단번에 느껴졌다. "채식을 시작하기 전까지 아내를 특별한 사람으로 여긴 적이 없다"는 내용이 눈에 들어왔다. 글에 관심이 좀 있고, 글 좀 써봤다는 아마추어는 같은 내용을 이렇게 쓸 것이다.

내 아내가 채식을 하겠다고 말하기 전까지, 그러니까 고기를 입에 대지 않겠다고 완강히 선언하기 전까지 나는 그녀를 그저 평범하고, 특별할 것 하나 없는, 세상 어디에나 있을 법한 여성 중 하나라고 생각했다.

한강의 문장과 위 문장의 차이는 단어 수가 아니다. 간결한 문장은 메시지를 곧장 중심으로 데려간다. 군더더기를 덜어낸 문장은 단단하다. 독자는 설명을 통과하지 않고 바로 진심에 닿는다. 한강의 문장은 '무표정한 정확함'으로 시작해 이미 그 이후의 사건과 긴장감을 암시한다. 반면 장황한 문장은 '설명'에 갇힌다. 문장을 길게 늘리면 글쓴이의 생각이 아니라 불안이 드러난다. '이 정도는 말해야 알아듣겠지' 하는 마음, 이것이 바로 군더더기다. 독자를 믿지 못하는 마음이기도 하다.

글의 완성은 덧붙임이 아니라 덜어냄에서 시작된다. 불필요한 수식어를 걷어내면 문장은 숨을 쉬고, 생각은 제 모습을 드러낸다. 예를 들어 "나는 오늘 너무 피곤하고 우울하고 머리가 아파서 아무것도 하기 싫었다"라는 문장은 솔직하지만 탁하다. 이 문장을 "오늘은 아무것도 하기 싫었다"로 줄이면 굳이 말하지 않아도 피로와 우울이 스며든다.

'쓰고 싶은 단계'를 거쳐 '잘 쓰고 싶은 단계'에 도달했다면 핵심은 이 질문이다. "이 단어가, 이 문장이 꼭 필요한가?" 그렇다고 대답하지 못하겠다면 과감하게 지우자. 애써 생각해낸 문장을 지우는 게 얼마나 어려운 일인지 잘 안다.

그래도 지우는 게 낫다. 문장을 줄이는 것은 포기가 아니라 정화다. 말이 사라진 자리에 진짜 의미가 남는다.

짧은 문장은 독자를 더 오래 머물게 한다. 문장이 짧으면 호흡이 생기고, 리듬이 만들어진다. 리듬이 좋은 글은 음악처럼 읽힌다. 한강의 문장뿐 아니라, 헤밍웨이의 《노인과 바다》 도입부에 나오는 문장도 그렇다.

그는 84일 동안 한 마리의 물고기도 잡지 못했다.

짧고 건조하다. 하지만 그 안엔 인물의 자존심, 고독, 오랜 시간의 무게가 전부 들어 있다. 좋은 문장은 정보를 전달하는 게 아니라 감정을 운반한다. 설명이 줄어든 자리에 여백이 생기고, 독자는 그 여백을 상상으로 채운다. 이때 독자는 단순한 독자가 아니다. 글쓴이의 동반자다.

담백한 글은 독자를 믿는 글이다. 모든 것을 친절하게 말하지 않아도 독자는 알아들을 것이라는 신뢰, 그 믿음이 여백을 만든다. 여백은 침묵 같지만, 사실은 가장 강한 전달 방식이다. 《채식주의자》의 첫 문장은 인물들의 관계와 내면을 단 한 줄로 응축한다. 작가는 아무 말도 덧붙이지 않지만, 독자는 이미 그 부부의 거리와 긴장을 감지한다. 같은 상황을 또 다른 아마추어는 이렇게 쓸 수도 있다.

그녀가 채식을 한다고 말했을 때, 나는 놀라웠다. 왜 그런 결심을 했는지 이해할 수 없었고, 그때부터 우리 사이엔 미묘한 균열이 생기기 시작했다.

이 문장 역시 장황한 설명이다. 그러나 한강은 묘사 대신 공기를 남긴다. 여백으로 긴장감을 만든다. 물론 어마어마한 필력이다. 하루 이틀 글을 다뤄본 솜씨가 아니다. 지금의 우리는 이렇게 쓸 수 없지만, 적어도 어떤 문장이 더 좋은지는 알아차릴 수 있다. 더 좋은 문장, 장황하지 않고 담백한 문장을 향해 나아가보자. 당장 이루기 어려운 목표라는 것은 내가 가장 잘 안다. 글을 쓰기 시작한 지 10년이 넘었지만 나도 모르게 여전히 장황하기 짝이 없는 문장에 빠져들 때가 종종 있으니 말이다.

담백한 글을 쓰기 위해 노력하고 싶다면 다음의 몇 가지 원칙이 도움을 줄 것이다.

첫째, 문장은 핵심으로, 기승전결 중 '전'으로 시작하자.

글의 첫 문장은 길을 잃지 않게 해주는 나침반이다. 하고 싶은 말을 한 문장으로 정리해보자. 내가 지금 진짜 말하고 싶은 문장이 정해지면, 글의 절반은 이미 완성된 셈이다. 나머지 문장은 그 중심 문장을 돋보이게 하는 조연이다. 핵심이 명확하면 쓸데없는 군더더기는 저절로 걸러진다. 반대로 핵심이 없으면 불안해서 자꾸 말을 덧붙인다. 독자는 그 덧붙임 속에서 길을 잃는다. 서론이 길면 작가도, 독자도 함께 지친다. 단단한 첫 문장은 글을 담백하게 만들고, 독자에게 신뢰를 남긴다.

둘째, 수식어를 버리자. 문장을 꾸미려는 욕심이 글을 무겁게 한다. "매우 아름다운 붉은 장미꽃"보다 "장미 한 송이"가 더 강력하다. 전자는 감탄을 요구하고, 후자는 여운을 남긴다. 같은 맥락에서 "조용히 살짝 미소 지었다"보다 "미소 지었다"가 더 힘이 있다. 그럴듯한 수식어를 붙인다고 해서 의미가 풍성해지는 것은 아니다. 오히려 희미해진다. 형용사와 부사는 글을 화려하게 만들지만 동시에 흐릿하게도 만든다. "아주 빠르게 뛰었다"보다 그냥 "달렸다"가 더 선명하다. 문장을 다 쓴 뒤, 형용사와 부사를 과감히 삭제해보자. 글이 한결 단단해질 것이다.

셋째, 반복되는 말은 과감히 생략하고 '의도적인 침묵'으로 바꾸자. 글을 쓰다 보면 같은 말을 두세 번 되풀이하는 경우가 많다. "정말 정말 힘들었다" 또는 "그날은 잊을 수 없는, 정말 잊을 수 없는 날이었다"처럼 말이다. 하지만 독자는 한 번만 읽어도 충분히 안다. 같은 말을 되풀이하는 행위는 독자를 설득하기 위한 게 아니라, 사실은 스스로를 안심시키기 위한 몸부림일 때가 많다. 글이 장황해지는 이유 중 하나도 바로 그 '불안' 때문이다.

한 번 말했다면, 다음 문장에서는 여백을 주자. 문단을 끊거나 점 하나만 찍고 그대로 멈추는 것도 훌륭한 선택이다. "그날은 잊을 수 없는 날이었다"에서 끝내면 된다. 짧은 문장은 그 자체로 여운을 남긴다. 글에도 침묵이 필요하다. 침묵이 문장을 정리해주고, 독자에게는 스스로 생각할 틈을 선물한다. 담백한 문장은 말의 힘이 아니라, 멈춤의 용기에서 완성된다.

2

말할 것인가, 보여줄 것인가

좋은 글은 '무엇이 일어났는지'를 말하지 않고, '그 일이 일어나는 순간'을 보여준다. 설명은 정보고, 장면은 경험이다. 독자는 정보보다 경험을 들을 때 마음이 움직인다. 그래서 작가가 해야 할 일은 사건 요약이 아니라, 한순간을 포착하는 것이다. "그녀는 화가 났다"라는 설명은 감정을 전하지 못한다. 하지만 "그녀는 물컵을 들었다가 내려놓으며 입술을 깨물었다"라는 문장은 '화'라는 단어 없이도 감정을 보여준다. 독자를 설명이 아닌 장면으로 설득하는 것이다.

장면이 살아 있다는 것은 곧 감각이 깨어 있다는 뜻이다. 시각, 청각, 후각, 촉각, 미각이 함께 움직일 때 글은 살아난다. "바다가 아름다웠다"라는 말은 시각에만 머물지만, "바닷바람이 얼굴을 스치며 소금 냄새가 코끝을 찔렀다"라는 문장은 오감을 깨운다. 좋은 작가는 감각어를 많이 쓰지 않는다. 대신 정확하게 묘사한다. "차가운 바람"보다 "입김이 허공에 맺혔다"가 더 생생하다. 감각을 직접 말하지 않고, 그 감각이 드러나는 동작을 보여주는 것이 핵심이다.

'보여주는' 글의 목적은 독자를 끌어들이는 데 있다. 설명하는 글은 독자를 멀리 두지만, 보여주는 글은 독자를 참여시킨다. 독자가 상상할 여백이 있을 때 글은 독자의 것이 된다. "그녀는 외로웠다"라는 문장은 독자를 이해시키려 하지만, "그녀는 두 손을 무릎 위에 올리고 가만히 시계를 바라봤다"라는 문장은 외로움을 체험하게끔 한다. 작가가 모든 것을 말하면 독자는 할 일이 없다. 상상할 틈이 없으면 감정도 닫힌다. 독자가 빈칸을 채워 넣을 때 그 글은 독자의 기억으로 남는다.

설명하는 글과 보여주는 글의 차이는 머리와 몸의 차이와 같다. 설명은 논리로 움직이고, 묘사는 이미지로 움직인다. 전자는 머리를, 후자는 몸을 설득한다. "그 남자는 나를 싫어했다"는 주장을 실은 문장이지만, "그는 내 눈을 피하며 문고리를 두 번 만졌다"는 증거를 보여주는 문장이다. 독자는 주장보다 증거를 믿는다. "날씨가 좋았다" 대신 "세탁소 앞에 걸린 셔츠가 바람에 춤을 췄다"라고 쓰자. 설명이 사라진 자리에 여백이 생기고, 독자는 그 안에서 스스로 의미를 완성한다. 친절한 글은 종종 매력이 없다. 설명이 과하면 글이 숨을 잃는다.

논리보다 장면이 더 강한 설득력을 갖는 이유도 여기에 있다. 사람은 문장을 읽을 때보다 장면을 볼 때 더 크게 반응한다. "환경 보호는 중요하다"보다 "플라스틱 빨대를 삼킨 거북의 코에 피가 맺혔다"라고 쓰는 것이 훨씬 강력하다. 《어린 왕자》에서 작가가 "사랑이 중요하다"라고 말하는 대신 장미와 여우, 별을 통해 사랑의 의미를 보여주는 것도 같은 원리다. '보여주기'는 명령하지 않는다. 그저 보여줄 뿐이지만, 독자는 이미 결론에 다다른다. 가장 세련된 설득은 말이 아니라 이미지로 이루어진다.

대화는 보여주기의 가장 자연스러운 형식이다. 인물이 스스로 말할 때 작가의 해석은 사라지고 현실감이 들어선다. "그는 화가 났다"보다 "그만해, 이제 좀!"이 훨씬 강하다. 대화는 인물의 말투와 숨소리, 침묵의 길이까지 보여준다. 시점 역시 마찬가지다. 일인칭은 체험을, 삼인칭은 관찰을 가능케 한다. "나는 그녀를 미워했다"보다 "그녀를 볼 때마다 저절로 손에 힘이 들어가고 신경이 곤두섰다"가 더 생생하다. 시점의 거리 조절이 감정의 밀도를 만든다.

물론 때로는 설명이 방향을 잡고, 때로는 장면이 감정을 만든다. 중요한 것은 균형이다. 언제 말하고, 언제 보여줄지를 판단하는 감각이 글의 완성도를 결정한다. 에세이 서두에서는 '말하기'가 독자를 이끌고, 중반 이후에는 '보여주기'가 독자의 마음을 흔든다. 소설이라면 이 균형은 더욱더 중요하다. 보여주는 글만 쓰면 독자가 길을 잃고, 말하는 글만 쓰면 감정이 녹아들지 않는다.

좋은 작가는 문장마다 결정을 내린다. 지금은 말할 때인가, 보여줄 때인가? 한강의 문장은 절제로 긴장을 만들고, 이외수의 문장은 갑작스러운 진술로 감정을 터뜨린다. 문장의 온도는 바로 그 선택의 결과다. 말하기는 생각을, 보여주기는 감정을 전한다. 둘 사이를 자유롭게 오갈 줄 아는 사람이 결국 글을 지배한다. 말하지 않아도 들리고, 보여주지 않아도 느껴지는 그 경지에 글의 품격이 있다.

품격 있는 글을 쓰기 위해 다음과 같은 연습을 해보자.

첫째, 감정을 말로 하지 말고 행동으로 보여주자. "나는 화가 났다"라고 쓰는 순간, 독자는 감정을 '이해'하지만 '느끼지는' 못한다. 반면 "입술을 꼭 다물고 컵을 탁 내려놓았다"라는 문장은 장면 속으로 독자를 끌어들인다. 설명은 머리로 받아들이지만, 행동은 몸으로 느끼게 한다. 글은 체험의 예술이다. 인물이 문을 쾅 닫는 소리, 손끝이 떨리는 움직임, 상대의 눈을 피하는 순간 같은 구체적인 행동을 그려 넣으면 굳이 "화가 났다"거나 "불안했다"라고 쓰지 않아도 된다. 독자가 스스로 느끼게끔 하는 글, 그게 바로 말하지 않고 보여주는 글이다.

둘째, 오감을 활용하자. 보여주는 글은 감각에서 시작된다. "봄이 왔다"보다 "창문 틈으로 흙냄새가 스며들고, 먼 데서 까치가 울었다"라는 문장이 훨씬 생생하다. 시각뿐 아니라 청각, 후각, 촉각, 미각을 모두 깨워야 장면이 살아난다. "비가 내렸다" 대신 "축축한 공기가 피부에 달라붙고, 우산 위로 투둑투둑 떨어지는 소리가 귓속을 두드렸다"라고 쓰면 독자는 그 순간을 직접 겪는 듯한 착각에 빠진다. 감각은 설명보다 빠르게 독자의 마음을 움직인다. 눈으로만 쓰는 글은 메마르지만, 오감으로 쓰는 글은 살아 숨을 쉰다.

셋째, 인물의 마음은 대사로 드러내자. "그녀는 그를 좋아했다"라고 말하면 이야기가 여기서 끝나지만, 여자 주인공이 "오늘은 왜 머리를 그렇게 했어?"라고 말하게 하면 이야기가 시작된다. 대사는 인물의 감정과 관계를 가장 자연스럽게 보여주는 창이다. 말의 길이, 어조, 선택한 단어 하나에도 마음이 스며 있다. "괜찮아"라는 한마디에도 진심과 체념 혹은 서운함이 동시에 담길 수 있다. 중요한 것은 '무엇을' 말했는지보다 '어떻게' 말했는지다. 대사는 설명 대신 긴장과 여운을 만든다. 인물의 속마음을 친절하게 해설하지 말고, 그들의 입으로 직접 말하게끔 하라. 독자는 그 말 사이의 공기를 읽어낼 만큼 똑똑하다.

넷째, 감정을 직접 쓰지 말고 상황의 대비로 보여주자. "행복했다"라고 말하면 그 감정은 금세 사라지지만, "그날은 이상하게도 엘리베이터가 한 번에 왔다"라고 쓰면 행복이 문장에 은근히 배어든다. 거창한 사건보다 사소한 행운이 오히려 감정을 더 또렷하게 드러낸다. 어제는 비가 와서 신발이 젖었는데 오늘은 해가 나 있고, 어제는 혼자 밥을 먹었는데 오늘은 누군가와 자리를 함께하는 식이다. 행복은 "행복했다"라는 말보다, 불편함이 사라지고 마음이 조금 가벼워진 순간에 머문다. 대조와 대비를 활용하면 감정의 온도가 자연스럽게 느껴진다. 독자는 말보다 장면에서 감정을 읽는다.

3.
신선한 어휘의 아름다움

글을 오래 쓰다 보면 단어가 마치 닳아버린 돌처럼 느껴질 때가 있다. 아무리 문장을 바꾸어도 생기가 없다. 그럴 때 우리가 해야 할 일은 문장을 고치는 것이 아니라, 단어를 다시 보는 일이다. '예쁘다', '좋다', '슬프다' 같은 단어는 너무 자주 쓰여서 감정을 전달하기보다 오히려 지워버린다. 하지만 같은 마음도 다른 언어로 표현하면 전혀 새로운 감정이 된다. "좋았다" 대신 "조용히 안심했다"라고 쓰면 마음의 결이 달라지고, "슬펐다" 대신 "공기가 식었다"라고 쓰면 문장이 한층 더 깊어진다. 새로움은 거창한 이야기보다 단어 하나에서 시작된다.

문장은 단어의 조합이다. 어떤 단어를 고르느냐에 따라

문장의 성격이 달라진다. '냉정하다'와 '차분하다'는 비슷해 보여도 뉘앙스의 온도가 다르고, '단호하다'와 '무심하다'는 결이 전혀 다르다. 작가는 그 미묘한 차이를 감지해야 한다. 글을 읽는 사람은 논리보다 온도로 반응한다. 단어의 온도는 감정을 품고 있으며, 그 온도 차이가 문장의 정체성을 결정한다. 같은 상황이라도 "그는 말했다"보다 "그는 중얼거렸다", "그는 내뱉었다", "그는 속삭였다"라는 문장이 인물의 감정선을 완전히 다르게 만든다. 신선한 어휘는 결국 정확한 어휘다.

단어에는 두 종류가 있다. 감각을 깨우는 단어와 생각(사유)을 흔드는 단어다. 감각 언어는 독자의 피부에 닿고, 사유 언어는 독자의 내면을 울린다. 너무 감각에 치우치면 가볍고, 너무 사유에 머무르면 공허하다. "시간이 흘렀다"라는 표현에는 감각이 없다. 대신 "커피의 온도가 식어갔다"라고 쓰면, 감각 속에서 사유가 일어난다. 신선한 어휘는 감각과 사유가 만나는 지점에서 태어난다. 눈에 보이고, 마음에 남는다. 그것은 단어의 조형미와 의미의 깊이가 균형을 이루는 상태다.

새 어휘를 찾는 일은 멀리 있지 않다. 일상의 단어를 새롭게 보면 된다. "하늘이 맑았다" 대신 "하늘이 얼굴을 닦았다", "웃었다" 대신 "입꼬리가 나비처럼 떨렸다"라고 쓰면 낡은 단어가 새 모습을 갖춘다. 관찰의 시선이 바뀌면 어휘도 변한다. 시인은 같은 단어를 매일 다르게 본다. '바람'이 어떤 날은 '시간', 어떤 날은 '얼굴', 또 어떤 날은 '기억'이 된다. 단어를 새롭게 보는 능력은 관찰에서 비롯된다. 많이 본 세상일수록 새롭게 이름 붙이는 법을 잊지 말아야 한다.

그러나 단어의 새로움은 많이 사용하는 데서 오지 않는다. 덜어내야 단어가 산다. 문장이 길면 단어의 힘이 희미해지고, 단어가 많으면 서로의 빛을 가린다. 시인이 단어를 '고르고 버리는' 데 대부분의 시간을 쓰는 이유가 바로 여기에 있다. 신선함은 화려한 어휘의 나열이 아니라, 맞는 단어 하나를 정확히 박아 넣는 데서 나온다. "밤이 깊었다"보다 "별이 얼굴을 들이밀었다"라는 문장이 더 명확하게 다가온다. 절제는 단어의 농도를 높이고, 농도는 문장의 향기를 오래 남긴다.

결국 어휘 감각은 타고난 재능이 아니라 습관이다. 좋은 작가는 단어를 모으는 사람이다. 일상 대화에서, 뉴스 기사에서, 아이의 말 한마디에서, 오래된 시집의 한 구절에서 언어의 결을 채집한다. 언어 수첩을 만들고, 마음에 남는 표현을 기록하고, 한 문장을 여러 번 다시 써본다. 이런 습관이 단어를 살아 있게 한다. 단어는 기억의 흔적이고, 감정의 조각이다. 그것들을 오래 품은 사람이 언어의 새 얼굴을 만들어낸다.

신선한 어휘의 아름다움은 꾸며낸 세련됨이 아니라 관찰의 정직함에서 비롯된다. 세상을 처음 보는 사람처럼 단어를 다시 관찰하면, 문장도 처음의 빛을 되찾는다. 단어 하나가 문장을 바꾸고, 문장 하나가 마음을 바꾼다. 언어는 언제나 새로울 수 있다. 단어를 새로 발견하려는 사람이 있는 한 글은 생명력을 잃지 않는다.

언어 감각은 멀리 있는 재능이 아니라, 가까운 훈련에서 자란다. 단어에 민감한 사람은 특별히 타고난 귀를 가진 사람이 아니라, 오래 듣고 오래 써본 사람이다. 단어에 귀를 기울이는 시간, 문장 안에서 단어의 자리를 바꿔보는 실험, 마음속 어휘를 한번 더 의심하는 태도, 이것이 어휘 감각의 출발점이다.

낡고 진부한 표현 대신 신선한 어휘를 모으고 싶다면 다음의 몇 가지 방법이 도움을 줄 것이다.

첫 번째 훈련은 '낡은 문장 바꾸기'다. 흔히 사용하는 문장을 다시 써보는 것이다. "오늘은 기분이 좋다"를 "오늘은 바람이 내 편이다"로 바꾸면 문장이 단숨에 살아난다. "피곤하다"라는 표현도 "눈꺼풀이 말보다 먼저 졸았다"로 바꾸면 몸의 상태가 눈앞에 펼쳐진다. 이런 문장은 독자에게 감정을 설명하지 않는다. 보여준다. '다르게' 쓴다는 것은 생각을 새로 고치는 일이다. 같은 문장을 다섯 번쯤 바꾸다 보면 단어 하나하나의 온도 차이를 손끝으로 느낄 수 있다. '슬프다'와 '쓸쓸하다', '조용하다'와 '고요하다'는 각각 결이 다르다. 언어의 결을 구분하는 감각은 연습으로 단련할 수 있다.

두 번째 훈련은 '어휘 수첩 만들기'다. 단어를 억지로 외우는 대신, 마음에 남은 단어를 그때그때 적어두는 것이다. 책에서 우연히 만난 문장, 친구가 툭 던진 말, 광고 문구 한 줄, 심지어 아이가 장난스럽게 내뱉은 말투 속에도 언어의 씨앗이 숨어 있다. 내 수첩을 펼쳐보면 '투명하다' 옆에 '맑다', '비치다', '흐르다'가 나란히 앉아 있고, '외롭다' 근처에는 '고요하다', '텅 비다', '아득하다'가 손을 잡고 있다. 언어는 혼자 자라지 않는다. 단어는 단어를 불러오고, 비슷한 말은 서로 닮아간다. 단어를 모으는 일은 곧 세계를 세분화하는 일이다. 세상의 질감을 단어로 분류하는 일은 곧 자신만의 언어 지도를 그리는 작업이다.

세 번째 훈련은 '감각적 관찰 연습'이다. 하루에 한 장면만이라도 마음속에 담아두자. 예를 들어 "창문 밖에서 아이가 자전거를 탄다"라고 기록하는 대신 "바퀴가 햇빛을 반쯤 끌고 다닌다"라고 써보는 것이다. 관찰은 단순한 '보기'가 아니라 '느끼면서 보기'다. 노을이 단순히 '예쁘다'가 아니라 '조용히 식어가는 불'로 보일 때 언어는 감각을 품는다. 이렇게 하루에 한 장면씩 기록하다 보면, 어느 순간 단어 하나에도 냄새와 온도가 있다는 사실을 깨닫게 된다. '축축하다'는 냉장고 속 공기와 다르고, '습하다'는 여름의 땀 냄새를 닮았다.

네 번째 훈련은 '반복해서 읽고, 따라 써보기'다. 좋은 문장은 눈으로만 읽을 때보다 손으로 옮겨 쓸 때 몸에 새겨진다. 시인의 문장 한 줄, 번역서의 대사, 혹은 한강의 소설 속 문장을 노트에 옮겨 적으며 생각해보자. '왜 이 단어를 썼을까? 이 문장은 왜 리듬이 좋을까?' 따라 쓰는 순간, 단어의 선택과 호흡의 간격이 느껴진다. 모방은 단순한 흉내가 아니라, 감각을 깨우는 가장 오래된 학습법이다. 그렇게 한 줄

한 줄 베껴 쓰다 보면 내 문장 속에서도 익숙하지 않은 단어
가 자연스럽게 섞이기 시작한다. '좋다' 대신 '산뜻하다'가,
'아프다' 대신 '저리다'가 스며든다. 낯선 단어를 자꾸 손끝
에 익히다 보면 언어의 근육이 바뀐다.

4.
비유로 문장에 숨결 불어넣기

글을 쓰다 보면 어떤 감정이 도무지 문장으로 옮겨지지 않을 때가 있다. 입안에서 맴돌 뿐 문장으로 굳지 않는 감정, 말로 설명하면 평범하고 덜어내면 밋밋해지는 모호한 지점이 있다. 바로 그때 '비유'가 등장한다.

비유는 감정을 사물의 언어로 번역하는 기술이다. "외롭다"를 대신해 "방 한가운데 낡은 의자 하나가 남아 있다"라고 쓰는 순간, 감정은 언어를 벗어나 이미지가 된다. 독자는 그 방의 냉기와 정적을 '느낀다'. 말보다 장면이 먼저 도착하는 것이다. 그래서 좋은 비유는 설명이 아니라 '체험'을 만든다. 문장은 단단해지고, 감정은 부드럽게 스며든다. 비유가 제대로 작동하면 문장은 살아 움직이기 시작한다. 독자는 그 안에서 누군가의 마음을 '보는' 대신 함께 '산다'.

비유의 생명은 '적절함'보다 '절묘함'에 있다. 적절한 비유는 이해를 돕지만, 절묘한 비유는 머릿속을 멈추게 만든다. "그녀의 목소리는 봄비 같다"는 누구나 쓸 수 있는 비유다. 하지만 "그녀의 목소리는 종이컵에 담긴 빗소리 같다"라고 쓰는 순간, 독자는 그 모습을 상상한다. 작고 얇은 종이컵의 울림이 목소리의 질감과 부드러움을 동시에 전달한다. 절묘함이란 바로 이런 낯선 조합의 정확함이다.

비유는 머리로 계산하는 것이 아니라 몸의 감각으로 찾아낸다. "분노가 목뒤에서 숨을 골랐다", "기대감이 어깨뼈 사이에 웅크려 있다"와 같은 문장은 논리적으로는 이상하지만, 감각적으로는 완벽하다. 독자는 설명보다 직관으로 먼저 이해한다. 절묘한 비유는 '생각하는 문장'이 아니라 '느끼는 문장'이다.

비유의 힘은 감각의 교차에서 비롯된다. 좋은 비유는 감각의 경계를 허물어버린다. 시각이 청각으로 바뀌고, 청각이 촉각으로 바뀌는 순간 문장은 문득 입체가 된다. "햇살이 달콤하다", "고요가 손끝에 닿았다", "공기가 무겁게 울린다"와 같은 표현은 서로 다른 감각을 뒤섞어 독자의 뇌를 깨운

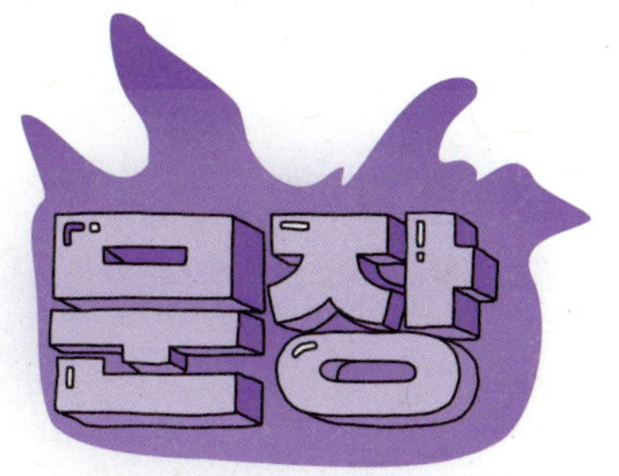

다. 일상의 언어가 피곤해질 때 감각을 교차시킨 문장은 새로운 생기를 준다. 글이란 감각을 번역하는 것이다. 문장은 한 가지 감각으로만 쓰면 납작해지고, 여러 감각이 섞이면 질감이 생긴다. 마치 무채색 사진에 빛이 들어오는 순간처럼 감각의 혼합은 글을 환하게 만든다. 독자는 그 문장에서 색과 냄새와 온도를 동시에 느낀다. 감각이 엮일 때 문장은 '설명'이 아니라 '경험'이 된다.

좋은 비유는 멀리서 오지 않는다. 위대한 작가들의 문장도 대부분 일상에서 출발한다. 아이가 "구름이 잠이 안 와서 놀러 나온 거야"라고 말하는 순간, 우리는 이미 훌륭한 비유 하나를 듣는다. 지하철 손잡이에 걸린 손, 슈퍼 계산대 위에 놓인 동전, 오후 4시의 햇살이 스며든 커피잔… 이런 평범한 풍경이 비유의 원석이다. "지하철 안 공기는 미루어진 한숨 같다"라는 문장은 상상력이 아니라 관찰에서 태어난다. 관찰은 비유의 씨앗이다. 세상을 자세히 보면 언어는 저절로 새로워진다. 상상력은 하늘에서 떨어지는 번개가 아니라, 눈앞의 장면을 다르게 보는 시선이다. 결국 비유란 '보는 법'을 바꾸는 일이다. 평범한 것을 낯설게, 낯선 것을 친근하게 만드는 것이 바로 그 힘이다.

하지만 비유는 MSG와 같다. 너무 많이 넣으면 맛을 잃는다. 한 문장마다 비유를 쏟아내면 글은 향기롭지 않고 부담스러워진다. 비유는 강렬할수록 절제해야 한다. 정확한 순간에 들어간 비유 하나면 충분하다. "시간이 흘렀다"보다 "벽시계의 초침이 한 칸 늦게 움직였다"라는 문장이 훨씬 오래 남는다.

비유의 미학은 화려함이 아니라 '명중률'이다. 잘 맞는 비유는 문장을 꾸미지 않는다. 대신 문장 속에 스며들어 조용히 살아 움직인다. 너무 센 향이 나면 진심이 가려진다. 은은한 향이라야 오래 남는다. 좋은 비유는 독자가 문장을 다 읽은 뒤에야 슬며시 고개를 돌려보게 만드는 힘을 갖고 있다.

비유는 재능이 아니라 감각을 습관화하는 데서 나온다. 세상을 섬세하게 관찰하고, 단어의 질감을 손끝으로 더듬는 사람에게 열리는 문이다. 비유를 잘 쓰는 사람은 '다르게'

볼 줄 아는 사람이다. 그들은 똑같은 노을을 보면서도 "하늘이 저녁을 덮는다"라고 쓰고, 똑같은 바람을 느끼면서도 "바람이 시간을 밀어낸다"라고 쓴다. 그 다름이 언어의 깊이를 만든다. 낡은 표현에 새 숨을 불어넣고, 평범한 사물에 감정을 입히는 일, 이것이 글쓰기가 주는 가장 섬세한 쾌감이다. 절묘한 비유는 화려하지 않다. 다만 정확하다. 정확함이 곧 감동이 된다. 감동은 오래 남고, 그 여운이 문장에 생명을 부여한다.

다음에 소개할 내용은 절묘한 비유로 글의 맛을 살리는 방법이다.

첫째, 뉴스나 기사 제목을 비유로 바꿔보자. 매일 접하는 문장을 그대로 흘려보내지 말고, 한 번쯤 멈춰서 다른 언어로 옮겨보는 것이다. '폭염 특보 발효'라는 기사는 '도시는 거대한 오븐이 되었다'로, '주가 폭락'은 '숲의 새들이 한꺼번에 날아올랐다'로 바꿔보는 식이다. 이렇게 논리의 언어를 감각의 언어로 번역하는 순간, 세계는 단숨에 생생해진다. 뉴스는 사실을 전하지만, 비유는 그 사실의 '느낌'을 전한다. 단 한 번의 치환만으로도 말의 결이 달라진다. 매일 아침 뉴스를 보며 한 줄씩 비유로 바꾸는 습관을 들이면 세상이 더 흥미로운 문장으로 다가올 것이다. 현실의 건조함에 감각을 입히는 이 작은 놀이가 비유 감각을 단단하게 키운다.

둘째, 문학작품 속 비유를 수집하자. 좋은 비유는 읽는 순간 마음속에 그림을 남긴다. 이석원 작가의 산문집은 참고할 만한 좋은 비유가 많아 자주 들여다보는 편인데, 그의 근간近刊 작품에는 "아버지를 요양병원이라 불리는 새 학교에 입학시킨 일종의 학부모들"이라는 표현이 등장한다. 아버지를 요양병원에 보내고 돌봐주실 분들께 잘 부탁드린다는 인사를 거듭하고 돌아오는 자식의 마음을 절묘하게 표현했다. 이렇게 좋은 문장을 베끼는 행위는 단순한 모방이 아니라 해부다. 어떤 단어가 문장을 살리는지, 어느 리듬이 감정을 흔드는지 관찰하다 보면 어느새 내 언어 감각도 깨어난다. 비유는 독창성에서 나오지 않는다. 아름다운 문장을 가까이 두고, 그 언어의 숨결을 손끝으로 옮길 때 비로소 내 문장도 살아난다.

셋째, '나쁜 비유'를 찾아보자. 좋은 비유를 배우는 가장 빠른 길은 어색한 비유를 해부하는 것이다. 예를 들어 "그의 눈은 바다 같았다"는 너무 흔하다. 바다에 비유하는 것은 너무 진부해서 독자의 마음에 닿기 전에 증발해버린다. 또 "그녀의 미소는 태양보다 밝았다"는 과장된 표현 때문에 오히려 진심이 느껴지지 않는다. 왜 진부한지, 왜 부자연스러운지를 분석해보면 비유의 본질이 보인다. 나쁜 비유는 감정을 전달하기보다 감정의 진폭을 줄인다. 반면, 좋은 비유는 구체적이고 의외의 조합에서 생겨난다. "그의 눈은 여름 새벽의 호수처럼 잠들지 않았다"라고 바꾸면 훨씬 살아 있는 문장이 된다. 이렇게 나쁜 비유를 고쳐 쓰는 훈련은 언어의 반사신경을 길러준다. 무엇이 과하고, 무엇이 정확한지 구별할 줄 아는 순간부터 글의 감각이 깊어진다.

이제, 당신의 이야기를 시작해보세요

AI가 우리보다 더 지적으로 보이고, 때로는 더 완성도 높은 문장을 대신 써주는 시대입니다. 문장을 조합하는 능력만 놓고 보면 AI는 이미 우리를 훌쩍 앞서 있지요. 그럴듯한 표현과 풍부한 어휘로 매끈하게 글을 만들어내는 모습을 보면 감탄이 절로 나오죠. 그런데도 우리는 왜 여전히 스스로 문장을 만들고, 글로 마음을 정리하고, 때로는 한 문장 앞에서 오래 멈춰 설까요? 이유는 단순합니다. AI는 글을 만들지만 우리는 삶을 경험하기 때문입니다.

AI는 밥을 먹지 않고, 친구와 화해하지 않고, 뜻밖의 말에 상처받지도 않습니다. 설레는 마음으로 집을 나서지도, 지루함에 하품을 하지도 않지요. 그런 AI한테는 '하루'라는 글감이 없습니다. 쓰고 싶어도 쓸 재료가 없죠. 반면, 우리는 매일 예상치 못한 순간들과 부딪히며 살아갑니다. 어제 저는 집 앞 교차로에서 자전거를 타다 넘어진 할아버지를 부축해드렸습니다. 그 짧은 장면이 남긴 마음의 잔물결은 그 어떤 최신형 AI도 대신 겪을 수 없습니다. 그 일에 관해 쓸 수 있는 사람은 오직 '나'뿐입니다.

일상을 통과한 감정과 경험은 인간에게만 허락된 특권이며, 글은 그 특권을 기록하는 방식입니다. AI가 논리와 정보 조합에 능하다면, 우리는 하루의 온도와 결을 문장으로 빚어내는 데 능합니다. 그것이 인간 글쓰기의 고유한 힘입니다. 우리가 살아낸 순간을 우리의 속도로, 우리가 고른 단어로 써 내려가면 됩니다. 지나간 하루의 한 장면, 마음에 남은 말 한 줄, 아무에게도 털어놓지 못한 생각 한 토막. 그 이야기는 오직 당신만이 쓸 수 있는 문장입니다. 이 책은 바로 그 '당신만의 문장'을 찾아가는 여정을 함께하려는 시도입니다.

이제 당신 차례입니다. 당신만의 리듬으로 삶을 기록해보세요. 시작은 한 문장이면 충분합니다. 그 한 문장 한 문장이 쌓여 언젠가 삶을 다른 쪽으로 이끌지도 모릅니다. 잘 쓰려고 애쓰지 않아도 됩니다. 그저 오늘 하루를 그대로 옮기면 됩니다. 아직 늦지 않았습니다. 당신의 이야기를 천천히 시작해보세요.